KB139941

회복을 꿈꾸는 자들의
고백록

KLACC 동료상담사 양성과정 인문 치유 작품집

이 저서는 2017년 대한민국 교육부와 한국연구재단의 지원(NRF-2017S1A5B8057479)을
받아 수행된 연구임.
This work was supported by the Ministry of Education of the Republic of Korea and
the National Research Foundation of Korea (NRF-2017S1A5B8057479).

회복을 꿈꾸는 자들의
고백록

KLACC 동료상담사 양성과정 인문 치유 작품집

서강대학교 생명문화연구소 편

커피 향기처럼 그윽한 삶을 살아가길 바라며

상종열(철학 담당)

'인생지사 새옹지마(人生之事 塞翁之馬)'라는 말이 있다. 글자 그대로 풀이하면 '사람의 일은 변방 노인의 말'이나, 실제 뜻은 사람의 삶이란 어찌 흘러갈지 아무도 모른다는 뜻이다.

나의 삶이 그랬던 것 같다. 내 나이 삼십 대 중반, 갑자기 도박에 빠진 어머니로 인해 나의 삶에 커다란 변화가 일어났다. 그 무렵 유학을 통해 삶의 전환을 모색하려는 터였기에 어머니 도박에 따른 뒷수습을 하는 과정에서 크게 좌절을 했다. 이윽고, 시간이 흐르고 많은 문제가 정리되었으며 나의 삶도 다시 안정을 찾았다. 그러자 다시 공부하고 싶다는 욕망이 일어났으며, 고심 끝에 사십 중반에 직장생활을 정리하고 대학교로 돌아왔다. 오십이 되던 해에 박사학위를 마치고 이런저런 강의를 하며 생계를 꾸려가던 차에 인연이 닿아 '중독'을 다루는 대학 연구소의 연구원이 되었다. 그리고 지금, 한때 도박에 빠졌거나 여전히 빠져 있는 사람들과 교분을 맺으며 살아가고 있다. 마치 집 나갔던 변방 노인의 암말이 망아지를 데리고 들어온 것처럼, 어머니가 도박에 빠졌던 시절의 경험을 밑천 삼아 강의도 하고 연구도 하며 사는 것이다. 어찌 보면 지금 이 글을 쓰고 있는 시점에서 이 같은 나의 인생 항로는 우연이 아닌 필연이었던 것 같다. 2018년 4월 강원랜드 중독관리센터에서 도박을 끊고 새로운 삶을 모색하려는 분들을 대상으로 강의해달라는 요청을 받았을 때, 30대 중반부터 겪었던 여러 사건을 통해 가지게 된 지식을 그 사람들을 위해 쓰고 오라는 절대자의 뜻으로 이해되었으니 말이다.

각설하고 같은 해 오월, 강의를 준비하는 과정에서 나는 과연 이분들의 삶이 어땠길래 도박에 빠졌을까 하는 궁금증이 생겼다. 지금까지 나는 도박은 정서적인 '결핍'과 무관하지 않다는 생각을 해왔다. 50대 중반의 나이에 내 어머니가 도박에 손을 대게 된 것은 '채워지지 않은 빈 가슴' 때문이라는 것을 확신해온 터였기에, 자연스럽게 내 생각은 그들이 가진 결핍은 무엇이었을까? 하는 생각으로 이어진 것이었다. 5월 중순쯤 되는 어느 날, 강의가 시작되었고, 얼마 후 나의 이야기는 자연스럽게 어머니의 도박 경험으로, 이는 다시 도박은 결핍에서 비롯된 것 같다는 이야기로 이어졌다. 그날 처음 만난 사람들이었지만 십여 명의 참석자들은 어머니의 삶에 공감하였으며, 이 같은 공감은 또 자연스럽게 어머니의 삶을 지켜보면서 마음을 졸였던 나에게로 이어졌다. 참석자들은 마치 '홀아비' 사정을 잘 아는 '과부' 같았으며, 이로 인해 그날의 분위기는 강사와 청중의 관계를 넘어서는 기운으로 가득했다. 11월에 진행했던 강의도 크게 다르지 않았다. 이들 역시도 나를 단순히 강사로 보기보다는 자신의 자녀인 듯한 눈빛으로 바라보았다. 이 같은 분위기는 그해 연말에 했던 또 다른 강의에서도 이어졌다. 앞선 두 번의 강의 참석자와는 다르게 이분들은 도박에 빠져 있었지만, 강의를 진행하는 동안 나는 이분들과 정서적인 교감을 갖는 데 있어 어려움을 느끼지 못했다. 왜 그런 교감이 이루어졌는지는 정확히 표현하지 못하겠지만, 분명한 것은 동질감이라는 감정이 작용했던 것은 분명한 것 같았다. 도박이라는 거센 파도 속에서 '한 배를 탄 사람'이라는 유대감이 나와 그들 사이에 있었던 것이었다.

삼십 대 중반 나이에 나타난 어머니의 도박이라는 뜻밖의 사건, 그로 인해 달라진 나의 삶, 그리고 50대 중반에 강원랜드 주변에서 만난 사람들은 나에게 '인생지사 새옹지마'라는 내 삶의 의미를 느끼게 해주었고, 더 나아가 이분들의 삶의 이야기를 책으로 묶어보자는 생각을 가지게 했다. 그해 말 나는 서강대학교 생명문화연구소와 강원랜드 중독관리센터 관계자와 함께한 자리에서 나는 이분들의 이야기를 책으로 묶고 싶다는 뜻을 피력했다. 그 자리에 함께 있었던 분들은 이 같은 나의 의견에 뜻을 모아주었다.

이후 나와 '문학 강사'와 '예술 강사'는 책의 내용에 관한 이야기를 나누었고, 이를 통해 몇 가지 점을 정리할 수 있었다. 무엇보다도 그들의 이야기를 꾸미지 않는다는 것이었다. 독자들이 보기에 유치한 이야기나 조야해 보이는 그림일지라도 이것들이 가슴속 이야기를 표현한 것이라면 그대로 살리는 것이 낫다고 판단했기에, 강의 시간에 그들이 작성한 글이나 그림으로 표현했던 내용을 최대한 살리고자 했다.

책의 구성을 어떻게 할 것인가 하는 것도 고민이었다. 문학과 예술 수업을 통해 텍스트나 이미지로 드러난 이야기는 대부분 도박에 빠졌던 옛 모습이거나 현재 모습에 대한 것들이었다. 성찰적인 이야기로 그 자체로 의미가 있었지만, 자칫 미래가 담기지 않은 메시지로 읽힐 수 있을 것 같았다. 책을 통해 그분들의 이야기를 담고자 하는 것은 후회나 미련으로 가득한 모습은 아니었기에, 이를 넘어서는 것이 과제로 남았다.

이외에도 고려해야 할 요소가 또 있었다. 책에서 담고자 했던 내용은 서강대학교 생명문화연구소와 강원랜드 중독관리센터가 함께 주관했던 '동료상담사' 양성을 위한 문학과 예술 수업의 결과물로 제출된 것이었다. 동료상담사 양성과정에는 '중독의 이해'나 '중독과 영성' 등과 같은 수업도 있었으며, 이 수업들도 이분들에게 적지 않은 영향을 미쳤다는 점에서 소홀히 다룰 수 없었다. 그렇다고 해서, 이 같은 강의 내용을 책에 담게 될 경우, 애초 책을 내고자 하는 취지에 맞지 않는 결과를 초래할 수 있었다.

얽혀 있는 문제를 풀어가는 데 있어 단순함이 필요할 때가 있는데, 이

책의 기획 과정이 그랬다. 나는 우선 강선경 생명문화연구소장에게 '동료 상담사' 과정에 참여했던 분들의 이야기를 중심으로 이야기를 구성하겠다는 뜻을 전했고, 그분은 이 제안에 대해 흔쾌히 동의해주셨다. '동료상담사' 양성과정 전반을 관리해주신 강원랜드 중독관리센터 김용근 수석전문위원님에게는 책의 에필로그(epilogue)를 맡아줄 것을 부탁드렸다. 그리고 이를 통해 두 기관이 함께 이 책이 나오는 데 큰 역할을 해준 것을 표시하고자 했다.

한편, 그분들의 미래 이야기를 담기 위해서는 별도의 작업이 필요했다. 이를 위해 철학 강사인 나와 문학 강사, 예술 강사는 2018년 교육 이후 짧게는 약 5개월 길게는 약 10개월이 지난 시점에서 이들은 어떻게 살아가고 있으며, 또 어떤 꿈을 꾸고 있는지를 직접 만나 이야기를 나눠보기로 했다. 2019년 3월 어느 날 스무 명의 교육 참가자를 다시 만났다. 이 만남을 통해 우리는 교육 이후 그들이 삶을 살아온 내용을 들을 수 있었으며, 각자 앞날을 위해 무엇을 하고 있는지를 확인할 수 있었다.

그런데 그날, 커피 향이 물씬 배어있는 강원도 해변 카페에서 다시 만난 그날, 나의 지각을 사로잡은 것은 변화된 그들의 모습이었다. 그들은 달라져 있었다. 얼굴은 편안했고, 눈빛은 밝게 빛났다. 지난 몇 개월간의 삶도 이전과는 달랐다. 교육 이후 이들은 교육과정에 함께했던 동료들과 독서모임 등의 형태로 정기적인 만남을 유지하고 있었다. 그러면서 서로가 서로에게 힘이 되는 존재로 살아가고 있었다. 교육 이후 어떤 분은 중독상담사 자격증을 따서 자신의 미래를 개척하고자 했으며, 또 다른 분은 지역에서 연극단을 조직하여 자신들의 이야기를 담은 공연을 준비하고 있었다. 이 같은 이야기를 하는 동안 그들의 목소리에는 힘이 있었으며, 그 목소리에는 삶에 대한 자신감도 배어 나왔다. 2018년 5월과 11월 강의하던 날에 느꼈던 것과는 다른, 이제는 각자의 인생 항로를 찾아 떠날 준비를 하는 건강함도 느껴졌다.

그런 그들에게도 여러 가지 걱정거리는 남아 있는 듯했다. 그중 하나는 다시 도박에 빠질지도 모른다는 두려움이었다. 중독에 관한 전문지식을 다져온 나에게는 이 같은 염려들이 자연스러운 것으로 여겨졌다. 또한, 팔 십이 가까운 내 어머니의 마음에도 휴화산처럼 살아있는 것이 도박에 대 한 갈망이라는 점을 알기에 이 같은 걱정은 오히려 건강한 시그널로 여겨 진 것이다. 포시아 넬슨(Portia Nelson)이 5개의 짧은 장으로 된 자서전 (Autobiography in Five Short Chapters)이란 시[1]에서 표현한 것처럼, 그것 은 현재 이분들이 '자신들이 걸어가고 있는 길'을 끊임없이 의식하며 살아 가고 있다는 표식일 수도 있기 때문이었다.

그날의 만남 이후에 나는 이분들의 이야기를 책으로 묶는 것에 대해서 는 더는 고민하지 않게 되었다. 대신에, 도박에 '의존'하는 삶을 살기보다 는, 동료 간에 서로 '의지'하는 삶을 살았으면 좋겠다는 바람이 생겨났다. 그래서 이들의 동료 모임이 울타리가 되기를 기대하게 되었으며, 설사 이 들이 다시 구멍에 빠지는 실수를 범하더라도, 이를 통해 일상의 삶으로 복귀할 수 있기를 바라게 되었다. 필요하다면, 나도 힘이 되어드리고 싶다 는 마음을 갖게 되었다.

---

1) 5개의 짧은 장으로 된 자서전(Autobiography in Five Short Chapters)

포시아 넬슨(Portia Nelson)

나는 길을 걸어갑니다. / 보도 위에 깊은 구멍이 있습니다. / 나는 그 구멍에 빠집니다. / 길을 잃고 맙니다. ... 무기력한 나 / 내 잘못은 아닙니다. / 밖으로 나오는 길을 찾는데 영원처럼 긴 시간이 걸립니다.
나는 똑같은 길을 걸어갑니다. / 보도 위에 깊은 구멍이 있습니다. / 나는 못 본 척합니다. / 다시 그 구멍에 빠집니다. / 깊은 곳에 다시 빠져 있다는 것이 믿기지 않습니다. / 하지만 내 잘못이 아 닙니다. / 밖으로 나오는데 여전히 긴긴 시간이 걸립니다.
나는 똑같은 길을 걸어갑니다. / 보도 위에 깊은 구멍이 있습니다. / 나는 그 구멍을 봅니다. / 나는 다시 그 구멍에 빠집니다. ... 습관이 되어서... 하지만 / 두 눈을 뜨고 있습니다. / 내가 어디에 와 있는지 알고 있습니다. / 내 잘못입니다. / 나는 얼른 빠져나옵니다.
나는 똑같은 길을 걸어갑니다. / 보도 위에 깊은 구멍이 있습니다. / 나는 그 길을 돌아갑니다.
나는 다른 길로 걸어갑니다.

지천명(知天命)의 나이를 넘어선 50대 중반. 서글픔이라는 감정이 가끔 밀려오는 것을 빼고는 나는 지금의 내가 좋다. 많은 사람을 만나고 여러 분야에 종사하면서 필요한 만큼 관계를 맺으며 사는 '얇은 삶'에서 벗어나, 내가 좋아하는 일을 하면서 만나는 사람들이 좋다. 어쩌면, '동료상담사' 양성과정에서 만난 이들에게 일어나는 나의 감정은 조물주가 나에게 준 천명임을 알리는 암시일지도 모른다. '복 받고' 사는 삶보다, '복 짓고' 사는 삶이 네가 이 세상에 존재하는 이유라고 말하는 것일지도 모른다.

2019년 3월
일산에서

✧ 목차

Chapter 2   2018년 제2차 KLACC 동료상담사 양성과정 인문 치유 과정 작품

Chapter 1

2018년 제1차 KLACC 동료상담사 양성과정 인문 치유 과정 작품

나의 이야기 *Part.1*

김용근 팀장님께

이태원

나 자신이 지금까지 열심히 살아왔다고 자부하였는데, 어쩌다 지인에게 돈을 빌려주게 되었고 그 후 그 사람의 소식이 끊겼습니다. 강원도 정선 카지노에서 그 사람을 만난 적이 있다는 이야기를 듣고 2004년 강원랜드에 오게 되었습니다.

카지노 출입을 하며 며칠 동안 돌아다녀도 그 사람은 찾을 수는 없었고, 오히려 바카라 게임을 하다 나로서는 상상도 할 수 없는 금액을 탕진하여 진퇴양난의 신세가 되고 말았습니다.

더 이상 어찌할 수 없는 지경이 되고 나서야 출입정지를 신청하였습니다. 3년 정지를 하고 하루하루 내일의 희망 없는 나날을 보내던 중 KLACC 김용근 팀장을 만나게 되었고, 좋은 말씀을 많이 듣게 되었습니다. 다시 일어설 수 있을 것이란 희망이 생겼습니다. 주변 정리를 하고 작은 일부터 하나하나 다시 시작해보자 마음먹었습니다.

2014년 영구정지를 하고 자원봉사 활동도 하며 나날을 보내게 되었고, 일자리도 마련하고 교회도 나가게 되었습니다. 덕분에 지금은 열심히 잘 지내고 있습니다.

KLACC 김용근 팀장님, 지금까지 너무 고마웠습니다. 미래를 생각하니 더욱더 감사합니다.

2018년 5월 25일
이태원 드림

나를 슬프게 하는 것

이계희

장대 같은 비가 쏟아지는 날은 나를 슬프게 한다
우산을 빗겨 들어온 비로 옷이 흠뻑 젖기 때문에

천둥이 치는 날은 나를 슬프게 한다
그날 목이 터져라, 울며 보낸 울 엄마 품이 그리워

손이 꽁꽁 시리도록 추운 날은 나를 슬프게 한다
오며 가며 마주치던 길고양이 행여 하고 걱정되어

검은 머리보다 흰머리가 많아지는 것이 나를 슬프게 한다
살아온 날보다 살아가야 할 날이 점점 더 줄어드는 것 같아서

잎이 떨어지고 앙상하게 가지만 남은 계절이 오면 나를 슬프게 한다
삶의 끝자락에서 둥지마저 잃고 피폐해진 내 가슴 같아서

내 손아귀에 있던 황금 다 던져버리고
태연하게 후회는 없다고 표현한 것이 나를 더욱더 슬프게 한다
가슴 절절하게 맺힌 한은 어이 풀고 갈까나

이제 나를 슬프게 하는 것들에서 자유로워지고 싶다
어차피 황금은 이고 지고 갈 수 없으니 모든 미련 다 버리고 앞으로는
꽃길만 걸으리라

나를 위한 글쓰기

유정숙!
잘 할 수 있을 거다. 이건 어려운 일도 아냐.
지금 어렵더라도 지혜를 또 한 번 발휘해봐~

잘하잖아~~ 건강, 건강, 건강만 문제다.
적신호는 보낸다. 이미 묵었다!
석학 김형석 님은 육십에서 칠십오 세까지가 지나고 보니 아름다운 시절이었다 하셨다.

작년 1월부터 평온한 마음이었던 적이 없었다. 아니 치열했다. 아~~ 정말 끊임없이 어려운 나날의 연속이었다. 어머님이 돌아가시면서 시련을 주셔서 나를 단련을 시키는 건 아닐까 싶은 생각이 들 만큼. 알고 보면 내가 잘못한 것도 아닌데 욕은 내가 먹고, 결과는 등 돌리는 관계가 되기도 했고. 이런 인과관계가 오늘까지 연속적이다.
사람들은 좋은데 결과는 좋은 쪽이 아닌 힘든 쪽으로 자꾸 만들어져 갔다.

아닐 게야~~ 중간에 평화도 있었을 거다. 지금 현재의 내 입장이 어려울 뿐이다.
지금껏 해결해 왔듯이 또 해결해가며 잘살 것이다.
와~우!
노름도 끊었는데 뭘 못할까.

지금까지 내 발목을 잡은 것은 욕심과 노름이었다. 욕심 버리고 노름 끊고, 안 아프기만 하면 된다.

좋게 생각하자. 다 잘될 거다.

파이팅~! 유정숙.

회복을 꿈꾸는 자들의 고백록

나만의 사전 만들기!

박나희

자식, 늘 가슴 저린 나의 피
그들이 있어 내가 존재하는 것

사랑, 사랑, 사랑 박나희 사랑
나 자신을 손거울로 바라본다

엄마, 내 자식 사랑하듯 엄마를 사랑했으면…
엄마를 생각하며 울고 있다

추억, 도박했던 아련한 추억
아! 이제 기억조차 없어라

단비, 그들의 눈물 젖은 비상이 있었기에
오늘도 아름다운 삶을 유지하는 건 아닐는지

교육, 끊임없는 교육
날 살찌우게 하는 힘이다.

술, 너는 알고 있니?
너의 존재를…

나에게 쓰는 편지

전광례

단도박을 한 지도 어느덧 1년이 되었네.
아직도 부족한 점이 너무 많은 것 같다.

모든 사람에게 항상 모범이 되어야 할 텐데…
마음은 늘 잘해야지 하면서도 잘되지 않는다.

제자리에 서 있지 말고 한 걸음, 한 걸음씩 느리더라도 힘차게 앞으로
걸어가야지.
뒤돌아보지 말고.

밝은 내일을 위하여.
행복한 삶을 위하여.
건강한 미래를 위하여.

나 스스로를 칭찬해본다.

2018년 5월 24일
자랑스러운 나에게 보냄

나의 꽃나무에게

이희진

꽃나무야!

안녕, 잘 지내고 있니?

지난겨울 눈보라 세차게 불던 힘든 고비는 잘 넘겼는지? 어느덧 네가 좋아하는 노란 개나리 연분홍 진달래꽃 화려한 벚꽃도 이젠 다 떨어졌구나. 요즘은 아카시아 꽃이 무척이나 향기롭구나! 가끔은 뻐꾸기와 부엉이 울음소리도 자주 들린단다. 너는 요즘 그 화려한 서울의 도시에서 밀려나고 또 밀려나서 한적한 시골 마을에서 살아가려고 발버둥치며 뿌리를 내리려고 한다고, 소식 들었단다.

꽃나무야!

나는 너의 아픈 과거를 잘 알고 있지! 이제 화려했던 과거의 욕심과 욕망은 내려놓자구나. 너는 이제 병들어 있잖니……. 속은 다 썩었고, 가지는 반쪽이 다 썩어들어서 앞으로 살아남기에는 무척이나 힘들 거라는 걸 잘 알고 있단다. 그러나 새로이 뿌리를 튼튼히 땅에 박고 잘 버티어 보자구나.

꽃나무야!

나는 너의 상처를 하나하나 치료받을 수 있게 온 힘을 다해 노력할 것이야. 힘들겠지만, 잘 참아 내어 보자!

꽃나무야!

나는 너를 따뜻한 햇볕을 쬐게 할 것이며 너의 꽃잎에서 꼭 소중한 열매를 만들 수 있게 도와주려고 많은 시간과 노력을 하려고 한단다. 너는 어느 꽃보다 예뻤단다. 화려한 장미보다도, 청순한 아름다움을 지닌 백합보다도, 향기로운 국화꽃보다도, 너는 예쁘고 우아한 꽃나무였어! 이제는 좋은 공간에서 좋은 공기 마시며 예쁜 잎 만들고 열심히 탄소동화 작용하여 다시 한번 아름다운 꽃들을 피워보자! 그래서 꼭 세상에 필요한 귀한 곳에 쓰일 한 톨의 씨앗이라도 만들어서 남기고 가기를 부탁한다.

나의 귀중한 꽃나무야!

간절히 기도한다. 옛날엔 화려하게 피어 있어서, 남들에게 시기와 질투, 부러움도 많이 받았지만……. 모든 과거는, 화려했던 것도, 괴로웠던 것도 이젠 깨끗이 모두 다 잊어버리자구나.

꽃나무야!

넌 현재 너무 힘들더라도 이겨내야 해! 앞으로 어떤 지구의 환경이 변화한다 하더라도, 오로지 넌, 꿋꿋이 버티고 서서 살아남아야 해, 황사의 괴로움도, 장마의 슬픔도, 바람(태풍)의 외로움도, 유해가스의 불안도, 이런 환경이 다시 닥쳐오더라도 너는 꼭 이 환경을 이겨내어서 든든하게 살아남아야 한단다.

꽃나무야!
다시 한번 전성기를 만들어보자! 나는 너를 꼭 잘 지킬 것이야!
수명을 다할 때까지 나쁜 벌레(병충해)가 생길지라도 꿋꿋이 힘껏 버티며 잘 살아나가자.

꽃나무야!
부디 튼튼한 꽃나무가 되어 세상에 해가 되지 않고 좋은 공기, 좋은 자원이 될 수 있는 꽃나무가 되어주기를 간절히 바라며 기도한다.
건강하게 잘 버티어 주렴……

2018년 5월 25일
너와 함께하는 행복의 여신으로부터

란경에게

이란경

너무도 외로운 여정 속에서 잘 버티고 살아온 "경…"
한때 마음 저린 아픔도 있었지만, 지금의 단단한 나 자신을 잘 만들어
낸 것 같다.

나로 인해 상처를 받은 사람들!
그 상처를 이제는 내가 치유해줘야 할 것이다.

앞으로 많은 시간이 흐른 뒤
옛이야기 하며 살 때가 올 것이다.
그날을 위해 파이팅!

마음의 상처를 치유한다는 간절한 생각으로

손희주

마음의 상처를 치유한다는 간절한 생각으로 두서없는 글을 써보려고 한다.

단도박 9개월, 시간이 흐르고 답답함과 함께 한없이 작아진 나의 모습에서 아픔이 절실히 느껴진다.

젊은 시절 열심히 살았고 돈도 벌었다. 어느 순간 장난처럼 시작한 도박에 자신도 모르게 깊숙이 빠져들었다. 도박은 나를 한없는 나락으로 떨어뜨렸다. 그 시간이 길어지면서 인간의 삶으로부터 멀어지고, 아무런 생각 없이 먹고 자고 하는 카지노의 생활 속에 동물과 같은 삶을 영위하면서 점점 더 초라해지는 자신을 보면서도 벗어나려는 생각조차 해본 적이 없었다.

내가 잘못된 선택을 한 것이지만 모든 것이 억울했다. 이 모든 걸 카지노에서 해결하려 했던 어리석은 생각들이 나를 17년이란 시간 동안 스스로 묶어둔 것 같다.

많은 돈을 버리고 난 후 거짓과 증오 그리고 자신을 합리화하면서 살아온 시간은 비참했고, 마음의 상처는 쉽게 아물지 않는다. 괜찮다 하면서 스스로를 달래면서 두 얼굴을 할 수 있다.

살아온 시간에 지치고 지쳐 스스로 탈출했는데, 아직도 모든 것이 두렵다. 어떡하지… 무얼 하지… 어느 모르는 역에서 정차하고 있는 것만 같다. 이제는 벗어버려야지 노력해야지 생각하지만, 여전히 두 마음이 갈등하고 있다.

사랑하고 싶은 나, 충순에게

나이가 환갑이 되도록 무엇을 생각하고, 무엇을 위하며, 무엇을 원하며 살아왔니? 삶이 너무 안타깝고 불쌍해서 가슴이 저리도록 아프다. '고향의 봄' 가사처럼 복숭아꽃 살구꽃 진달래, 개나리가 흐드러지게 피고 정 가득한 시골에서 우리의 많은 형제·자매를 등과 허리가 휘도록 뒷바라지하시던 부모님이 바라던 너의 삶이(미래가) 지금의 너였느냐?

도박 때문에 남편과 옷이 다 찢어지도록 밤새워 싸우고도 다음날 퇴근 후에 다시 도박판으로 발걸음을 재촉했던 너.
이혼 후엔 사랑하는 딸을 이웃에 맡기고 도박판을 전전하던 너.
끝없이 형제들에게 민폐나 끼치고 하나뿐인 딸을 절망에 빠뜨려 놓고도 어떻게든 도박의 이유를 정당화하던 너.

삶이 도박인 것처럼 살아오면서 단 한 번도 진정으로 단도박을 생각해 보지 않았던 네가 너무 싫을 때도 많았지. 그래도 62세 지금의 나를 뒤돌아보며 단도박을 결정했을 때, 예수님의 이름으로 축복하며 감사한 마음을 가지는 너에게 진심으로 큰 갈채를 보낸다.
지금의 이 충만한 은혜의 기쁨을 삶이 다할 때까지 잘 이끌고 다독여 나 같은 환자 더 생기지 않도록 노력하길 바란다.
충순아! 참~ 잘했다.

사랑하는 우리 딸, 미래에게

한춘금

산천초목도 푸르고 마음도 푸른 날 처음으로 딸에게 편지를 쓰는구나.
사랑을 많이 주지 못하고, 오히려 마음에 상처만 주는 엄마가 되어 항상 마음이 아프단다.
말도 다 할 수 없이 많은 후회가 되고!

그러나 지금은 동료상담사 과정 교육을 새로운 마음으로 열심히 받고 있단다.
이제 달라졌어, 엄마는.

사랑하는 딸 미래야~
앞으로도 삶을 뉘우치는 마음으로 열심히 살아갈게.
엄마가 약속할게.

2018년 5월 25일
엄마가

선생님께

곽희경

샘!

당신은 저의 삶을 바꿔 주신 유일한 분이십니다.

모든 것을 잃고 좌절했던 저에게 "한 번에 하루씩"이라는 회복과정을 통해 저의 생활 속에서 변화하고자 하는 열망을 갖게 해 주셨습니다. 샘과 함께한 3년이라는 시간 속에 많은 실수도 있었지만 그럴 때마다 정직한 말과 행동이 삶의 최우선이 되어야 한다고 말해주셨죠. 샘 앞에서 실수를 인정하고 다시금 도박의 희생양이 되지 않기 위해 최선을 다해 마음의 평온함을 찾고 생활의 균형을 유지할 수 있었습니다.

샘!

마음의 상처를 주기만 했던 제가 샘의 건강과 가족의 행복을 위해, 그리고 샘의 꿈이 이루어지도록 진심으로 기도하고 있습니다.

그리고 샘의 열정과 노력으로 시작된 10명의 "단비"는 30명에 가까운 대가족이 되었으며 KLACC의 모든 직원분 관심 속에서 확실히 성장한 한 사람 한 사람이 되었습니다. 저희는 항상 샘을 그리워하며 새로운 환경 속에서 힘들어하실 샘을 위해 한 목소리로 기도드린답니다.

샘!

항상 건강하시고 하시는 모든 일이 샘의 뜻에 따라 이루어지길 기도드립니다.

샘,

당신은 저희 가슴속에 영원히 간직될 소중한 분이십니다.

사랑합니다. 샘!

곽희경 올림

영희에게

김영희

지금까지 잘 참고 열심히 살고 있구나.

도시락 공장에 다니면서 여러 삶을 보아 왔고, 농사도 사계절 배웠지.
겨울에는 대리운전 알바를 하다가 인수까지 해서 1년 동안 쉬지 않고
그런대로 잘하고 있고.

그런 과정에 신용회복을 위해서 차근차근 준비해온 결과 회복을 하게
되었고.

앞으로는 지금 하는 대리운전 사업을 법인 사회기업으로 성장시키고,
비영리 기업으로 봉사도 하는 회사로 만들고 싶어. 지금 계획으론 일주
일에 한 번 직원들과 같이 무료 급식도 해야지 하는 생각도 하고 있고.

이런 일들이 잘됐으면 좋겠다.

앞으론 자연인처럼 산속에 삶의 터를 만들어 배운 대로 농사도 지으면
서 자급자족하며 계획대로 살았으면 한다.

또 한 가지 가족 문제, 석고대죄하는 마음으로 꼭 한 번 만나서 용서
를 빌고 싶다.

반드시 그렇게 되는 날이 오리라 믿는다.

앞으로 이러한 일들이 계획대로, 생각한 대로 꼭 이루어지게 할 것이다.

열심히, 그리고 건강하게 잘 살아라.

이지은 파이팅!

이지은

5월 4일로 내가 하고 있던 활동단 일 계약이 끝나 지금은 집에 있다. 단도박을 하고 그동안 휴식 시간도 없이 정신없이 달렸다. 마치 누군가가 채찍을 휘둘러서 그걸 피하려는 사람처럼. 수면이 부족할 정도로. 지금은 동료상담사 교육도 받고 여러 가지 프로그램에 참여하고 있어서인지 도박에 대한 미련은 거의 없는 듯하다. 하지만 정작 도박을 끊어야 하는 곁에 있는 사람이 시간이 너무 많다 보니(본인은 아니라고 하지만) 자꾸 딴생각할까 두렵다. 그럴수록 마음을 굳게 다짐한다. 내가 실천해 보이고 열심히 사는 모습을 보여주면, 이 사람도 나에게 미안해서라도 다시는 재발하지 않겠지. 이런 믿음으로 살고 있다.

아침 일을 다녀온 그가 하는 말이 어떤 이가 3년 정지하고 열심히 살다가, 3년 정지가 풀리고 나니 다시 카지노에 와서 2,800만 원을 잃고 마지막으로 차를 잡혔다는 것이다. 그러면서 어떻게 해야 할지 모르겠다고 하소연하더란다. 그래서 그가 영구정지가 있으니 그렇게 하라고 권했다고 한다. 일하다 보면 이런 일이 자주 있어서 영구정지를 권한다고들 한다. 이야기를 들으면서 본인의 재발 방지에 도움이 되는 일이라 잘하고 있다는 생각이 들었다. 잘~했다고 박수쳐 주었다. 나의 활동이 헛되지 않았음을 느끼며 희망이 보인다.

앞으로도 희망을 품고 열심히 살고 싶다. 이지은 파이팅!

지금의 나에게

완산

이렇게라도 자신을 알아가고 있음은 그나마 축복이라 생각한다.

부모님의 알뜰살뜰한 따뜻한 보살핌 속에 부족함 없이 편안하게 살아온 것도 타고난 복이었고, 3대 독자이신 아버지 슬하에 4남 1녀의 둘째로 태어남도 복이었고, 주어진 상황에서 어떤 일이라도 최선을 다하라는 가르침을 솔선수범해 보여주신 것도 복이었고, 주위의 많은 분께 당신의 재물·정·재능 모두 상식선을 벗어날 만큼 쾌척하시던 어머님이 계셨던 것도 복이었다.

늘그막에 이제 철들어가는 나를 지켜보면서 막연하게 생각하고 있는 남은 삶 20년. 생활터전에서 경제적인 활동을 해야 할 시간이 7년, 짬짬이 내가 가진 지게차 기능을 재능기부 하면서 완성해야 할 내 삶. 어떤 연유든 태어난 이유에 걸맞게 갖추어진 삶을 살았는지?

살아온 시간!
굴곡은 많았지만, 삶을 마감하면서 스스로 자신에게 당당할 수 있기를 희망하면서

2018년 5월 26일
완산

칠구에게

이칠구

너는 장점보다 단점이 더 많은 사람이지만, 그래도 이 어려운 세상을 잘살고 있다는 생각이 든다.

심지어 도박중독자였던 네가, 이제는 중독자가 아니라 상담사로 변화하려는 모습이 제일 좋아 보인다. 마음이 너무 여리고 약해서 좌절하고 포기하고, 술에 의존하기도 하지. 이런 습관도 버리면 정말 좋겠지만, 우선 중독에서 벗어나는 것부터 시작하자. 회복해 가면서 조금씩 성장해 나가자.

사랑하는 칠구야~

포기하지 않으면 이룰 수 있고, 이루면 더 큰 기쁨과 성취감을 느낀다는 생각이 든다.

파이팅!!

나의 이야기 *Part.2*

과거의 나, 미래의 나

이계희

비록 지금은 아니더라도
과거처럼 미래도 빛나기를 희망하며
오늘을 힘차게 살아봅니다.

그리움 (젊은 날의 즐거움)

이란경

노오란 때 묻지 않은 마음에 핑크빛 사랑을 갖고 살았던
젊은 날의 나를 떠올리며…

내 얼굴이 빛이 나네

한춘금

마음에서 빛이 나니 얼굴에서도 빛이 나네.

미래의 꿈

이지은

나는 자연을 사랑하고 산을 좋아합니다.
내가 태어나서 살았던 어린 시절을 회상하면서
앞으로 그런 곳에서 다시 사는 꿈을 키워봅니다.

미래의 삶

유정숙

그림 속 풍경 같은 자연에서
여유로운 삶을 살게 되는 내일을 꿈꾸며…

반짝반짝 빛나는

손희주

가슴에 사랑을 담아 붉은 태양 아래서도
당당하게 빛나는 삶을 살고 싶은 마음.

회복을 꿈꾸는 자들의 고백록

밝은 내일을 향해

전광례

어두운 틀에 갇혀 너무 긴 세월을 보낸 지난날을 벗어나
뒤도 안 돌아보고
오직 아름다운 앞만 보고 가는 나의 모습.

삶의 끝을 마주하다

김용근

내가 아끼고 함께했던 많은 것들을 내려놓고,
삶의 마지막 순간에 위대한 신 앞에 홀로 앉았다.
신은 내게 뭐라고 하실까?

소망

김충순

가슴에 사랑을 품고
주님만 바라보며 살고 싶은 마음.

수박

수박 색깔처럼
푸른 마음을 갖고 싶어서
싱싱한 수박처럼
한창 젊게 살고 싶어서

즐거운 마음으로 열심히 땀 흘리며 살고 싶은 마음.

회복을 꿈꾸는 자들의 고백록

숲속에서

박나희

나무와 나비, 클로버에 둘러싸인 나의 모습을 통해
마음을 비우고 자연과 더불어 살고 싶은 마음을 표현하였다.

얼굴

이칠구

편안한 얼굴, 닮고 싶은 모습.
슬프고 힘들어도 수줍은 미소만은 잃지 않고 편안한 모습을 보이며 살
고 싶어요.

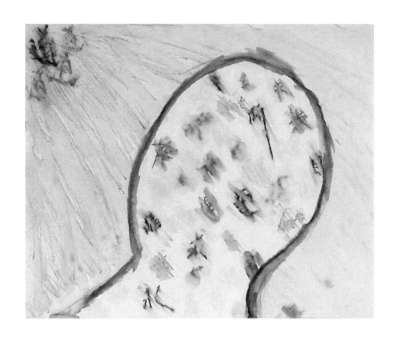

이상향을 꿈꾸며

완산

저 위, 내가 도달하고 싶은 그곳이 있지만
여기, 내 안에는 많은 감정과 관계가 있다.
현재 나를 이루고 있는 것을 글자와 물감 번짐으로 표현해보았다.
희망, 사랑, 가족 등 지금의 나를 이루고 있는 모든 것을 안고
원하는 곳을 향해 가고자 한다.

자화상

이희진

예쁘게 꾸미고 화사하게 웃던 과거의 나의 모습이자
언젠가 다시 보게 될 무지갯빛 내일의 모습.

회복을 꿈꾸는 자들의 고백록

지금 이 순간 나를 있게 해준 것들

곽희경

영원히 간직될 나의 멘토 쌤
믿음 생활
자유로운 비행
이 모든 것을 잊지 않고 바르게 살고 싶은 마음을,
곧고 흔들리지 않는 대나무로 표현하고 싶다.

◆ Chapter 2 ◆

2018년 제2차 KLACC 동료상담사
양성과정 인문 치유 과정 작품

나의 이야기 *Part.1*

갑식에게

이갑식

To : 갑식

요즘 살아가는 게 꽤 즐거운 것 같구나.

너의 입가에는 항상 미소가 떠나지 않는 걸 보니 즐거운 일이 있는 것 같구나.

언제나 요즘 같이만 즐겁게 살아가기를 바란다.

지나간 날은 다 잊어버리고 좋았던 일만 생각하며, 앞으로 너에게 다가올 운명을 지혜롭게 받아들이며 행복하게 살아가렴.

앞으로 계속 멋있고 후회 없는 삶을 살아가길 바란다.

2018년 11월의 어느 초가을 밤
가슴으로 생각하며 살아가는 갑식이가
마음으로 생각하며 살아가는 갑식이에게

나를 위한 글쓰기

김영수

예전에는 내가 하는 모든 행동이 옳다고 생각했다. 때론 나 자신의 잘못이 있다는 것을 알 때도 어쩔 수 없었다고 생각했는데, 세월이 지나면서 많은 것을 후회하고 있다.

도박하면서 가족·친구를 비롯한 주위 분들에게 많은 실망감을 주었을 때도 내 잘못을 인정하기는 쉽지 않았다. 오히려 나를 만나는 것을 꺼리고 싫어하는 그분들에게 서운한 마음이 들었다. 주변 사람들을 나쁘게만 생각하고 가까이하지 않으려고 했는데 돌이켜보니 모든 문제가 도박 때문에, 나 자신 때문이었다. 내 잘못된 판단으로 벌어진 일이라는 것을 깨닫게 된 지금 가족·친구 그리고 주위 많은 분에게 용서를 구하고 싶다. 같이 만나 서로 대화를 나누고 싶다.

이제는 서로를 존중하고 함께 생활할 수 있도록 열심히 노력하고 있다.

나의 이야기

유경애

여러분! 제 인생의 출발 시점을 언제라고 해야 할까요? 응애응애 울면서 엄마 탯줄을 끊었던 그때였을까요? 혹은 적당히 자라고 철들어서 소신대로 인생 설계를 하고 세상이 정해놓은 잣대로는 성공적이었던 그때였을까요?

네, 저는 돈이 인생의 전부라는 그때 그 시절을 살아온 세대입니다. 요즘은 그래도 돈보다 다른 곳, 더 높은 곳에 더욱더 많은 가치를 두는 현명한 세대이지만 저의 때는 오로지 돈, 돈이었지요. 그래서 저는 행복하고 우아하고 젊고 성공한 매력적인 여성이라고 자신했어요. 그러나 이제야 저는 압니다.

제 인생의 출발 시점이 2014년 12월 22일! 단도박의 길로 들어선 그날이 제 인생의 참 생일이라고 여러분에게 공개합니다. 저는 이제 한국 나이로 다섯 살입니다. 요즘 평균수명이 100세라는데 저는 짧은 시한부 인생을 살다 가겠죠?

그런데 저는 행복합니다. 저는 꼭대기에 와 있습니다. 절정이라는 거예요. 이제 행복이 무엇인지를 알고 세상이 바라는 대로가 아닌 제가 바라는 인생을 살고 있습니다. 저는 이제 돈이 전부가 아니라는 것을 알고 있지요. 밍크코트를 입지 않아도 좋고요. 넓고 좋은 집이 아니라도 행복할 수 있다는 것을 압니다. 세계여행을 하지 않아도 좋고요. 누군가에게 인정받지 않아도 흔들리지 않습니다.

이대로 너무너무 행복하니까 다른 이에게도 넉넉한 마음을 줄 수 있습니다. 얼마나 좋은가요? 저의 곁에 오시면 행복해집니다. 늘 기쁨과 행복의 잔치가 열립니다.

여러분, 매미가 세상에 나오려면 7년 이상의 땅속 생활을 한다는 것을 모두 아시지요? 그리고 노래하면서 짝짓기를 하고 짧고 행복한 생을 마감합니다. 한 달밖에 못 살지만, 매미는 불행하다고 생각할까요? 7년 만에 어른이 되어 노래하고 행복하게 살다가 가는 매미에게서 저는 저의 이야기를 대신해 봅니다.

자, 이제 저는 행복과 기쁨의 잔치에 당신을 초대합니다.
오세요~ 저의 잔치에 초대합니다. 우리 함께 행복하게 살아요.

나의 행동에 대한 깨달음

임영옥

2011년 5월 어느 날, 나는 어김없이 카지노 객장을 들어갔다. 수없이 이것은 아니라고 생각하면서도 행동은 아니었다. 그날 나는 이성을 잃었다. 사람들에게 돈을 빌려 가면서 아침 6시부터 종료 시각까지 카지노에 있었다. 말 그대로 미친 정신이었다.

그날 객장을 나오면서 다짐하고 또 다짐하고 또다시 다짐했다. 그동안 수없이 그래왔지만, 이번에는 정말 도박을 끊어야겠다고, 정말이지 굳게 다짐했다. 그때 당시 남편은 택시 일을 시작한 지 얼마 되지 않았다. 이 사람은 한 푼이라도 더 벌겠다고 저렇게 열심히 일하는데… 남편을 생각하니 너무 미안했다. 그를 생각하자 나의 행동에 커다란 죄책감이 밀려들었다.

그날 이후 신랑 모르게 처리해야 할 빚 때문에 일자리를 찾아야만 했다. 다행히 동네 CU 편의점에 일할 수 있었다. 1년 동안 일을 하면서 몇 번의 유혹은 있었지만, 카지노를 나오던 5월의 그날을 떠올리며 나 자신을 제어할 수 있었다.

그러던 어느 날, 이렇게 일을 할 바엔 퇴직금을 받을 수 있는 온전한 직장을 들어가야겠다고 마음먹었다. 2012년도에 강원랜드 협력업체인 '우리 주민' 주식회사에 입사하게 되었다. 안 해본 일이라 처음에는 너무 힘들었다. 6개월 동안 몸무게는 14kg 감량했고, 힘에 부쳐 체력적으로 못 버틸 것 같았다. 그러나 동료의 관심이 나를 지탱하게 해주었다. 지금까지도 동료들에게 감사한다.

이제 나를 칭찬하면서 새로운 삶을 진행 중이다. 도박 생활하면서 돈·시간·젊음 모두를 잃었다고 생각했지만, 밑바닥을 치는 시간을 통해 아픔을 알 수 있었다. 고통을 알 수 있었기에 나에게 어려운 시간이 닥쳐와도 지탱할 힘의 원천이 될 것이라 믿는다.

내 인생의 귀중한 분, 형님

세상을 살아가면서 마음을 터놓고 모든 것을 이야기할 수 있는 사람이 있다는 것은 가장 큰 행복이자 삶을 살아가는 힘이 된다.

12년 전 사업실패로 인한 채무문제로 이혼을 한 후 세상살이에 흥미를 잃은 나는 내 인생을 실패한 인생으로 생각하였다. 스스로 나의 삶을 포기하고 사회와 결별하기로 작정했고, 아무에게도 알리지 않고 서울을 떠나 카지노가 있는 이곳 고한으로 잠적하였다.

남은 인생을 자포자기 상태로 현실을 잊기 위해 카지노에서 도박에 몰두하였고 카지노에 가지 않는 날은 산을 오르며 지냈다. 비록 카지노를 드나들었지만, 카지노에 오는 사람들은 모두 문제가 있다고 생각하고 자주 마주치는 사람들과 눈인사 정도만 나누었지 친하게 지내지는 않았다.

그것은 어떻게 보면 모든 것을 다 버렸다고 생각했지만 내 마음속에는 비록 삶이 무너져 도박장에서 살아가고 있지만 최소한의 자존감은 유지하고 싶었던 것이 아닐까 생각한다.

그러나 그중에서 내가 마음을 열고 서로 소통하게 된, 지금은 피붙이보다 더 가깝게 지내는 사람이 단 한 사람이 있다.

그분은 나보다 10살이 많은 분으로 카지노에 전 재산을 다 잃으시고 신용불량까지 되어 이곳에서 살아가고 계신다. 그분의 성품으로는 카지노에 오지 않으셨으면 노후를 편안하게 보내셨을 텐데 아마도 미국에 있는 가족과 떨어져 있던 외로움과 본인의 승부욕 때문이 아니었던가 생각한다.

이분 특유의 친화력과 부지런함으로 지금은 단도박을 하시고, 고령임에도 열심히 직장생활을 해서 생활비를 버시고 회복자 동료들과 친하게 소통하고 지내신다.

12년 전 처음 만난 이후 지금까지 변함없이 나에게 사랑과 신뢰를 보내주고 계시며, 나 또한 내 모든 것을 털어놓고 상의하는 단 한 사람이다. 아마도 내가 지금 이 세상에서 살아갈 수 있는 가장 큰 이유가 이분이 곁에 계셨기 때문이 아닌가 생각한다.

지금도 내 하루의 삶과 고민을 귀담아 들어주고 충고해주시기 때문에 아무리 힘들고 어려운 일이 있어도 하소연하다 보면 어느새 분노가 다 사그라진다. 이분의 충고와 삶의 지혜로 세상을 살아갈 힘을 얻게 되는 것 같다.

이분이 나에게 보내주시는 가장 큰 힘은 나에 대한 인정이라고 생각한다. 이분은 나를 카지노에 오는 어떤 사람보다 이 지역의 그 누구보다 능력이 있고 모든 것을 할 수 있는 사람이라고 믿고 인정해주신다. 내가 단도박을 하고 이 지역에 정착하고 지역을 위한 일을 하면서 지역의 주민들과 융화할 힘을 가지게 된 것도 이분이 나에게 불어 넣어주신 자신감 때문이라고 생각한다.

거주지가 다르고 서로 하는 일도 달라 자주 만나지는 못하지만, 일과를 끝내고 나서 이분의 목소리를 들으면 하루의 스트레스가 풀린다. 또한, 건강을 확인할 수 있어 안심된다. 매일 하는 대화가 어떤 때는 단순한 안부에 그칠지라도 항상 반갑게 맞아주시는 것은 나에 대한 지극한 사랑 때문이라고 생각한다.

마땅한 호칭이 없어 '형님'이라고 부르지만, 나에게는 이 세상에서 내가 형님이라고 부르는 유일한 분이다. 직장생활을 시작하시고는 힘들어서인지 부쩍 늙으시고 허리도 약간 휘신 것 같아 뵐 때마다 가슴이 아프다.

내년에는 고한 장기임대 행복 아파트에 나란히 당첨되어 매일 가까이에서 자주 보면서, 함께 남은 생을 살아갈 수 있기를 소망한다.

당신의 소소한 사정

유애자

* 당신이 잘 아는 것

이제라도 알게 되었으니 모든 것에 감사합니다.

내 주변에 있는 아름다운 자연과 이웃들과 동료들, 교우들의 사랑이 소중하다는 것을 알았습니다. 단도박을 하고 회복자로서의 삶을 살면서 나에게 불행한 삶을 살게 하는 요인들을 알게 되었습니다. 나쁜 행동과 악습을 버리고 아름답게 살고자 애쓰는 것이 필요하다는 것도 알았습니다.

내 심성을 다듬어 내면의 깊이도 알게 되는 신앙인이 되어야 한다는 것을 알았습니다. 서로 사랑하면서 배려하는 삶이 행복하다는 것을 알았고, 실천하는 것이 중요하다는 것도 알게 되었습니다.

잘 아는 것은 장점이라 생각합니다. 아는 것만큼 좋은 열매를 맺도록 살아야겠습니다.

* 사소한 것

때로는 무엇에 집중하고 훈련하는 것이 힘들지만 그만큼 보람이 있어 나에게 기쁨을 주기도 합니다.

공동체에서 먼저 솔선수범하고 도움이 되는 사람으로 사는 것이 좋습니다. 회복자의 품위를 지키며 청소와 요리로 타인에게 사랑을 주는 것이 기쁩니다.

타인의 마음을 헤아려주는 마음도 가지고 있어서 행복합니다.

* 당신의 실패와 변화

젊은 날의 나를 사랑하지 못하고 내 가족을 사랑하지 않았던 나의 잘못을 회개합니다. 후회와 미련이 너무 많이 생겨 마음이 아프고 그 순간을 견뎌내지 못한 나를 미워하지만, 이제는 용서와 새롭게 부활하는 여정의 길을 가고 있으니 나에게 칭찬해 주고 싶습니다. 모자라는 부분도 많이 있습니다. 하지만 애쓰고 노력하다 보면 좋은 열매를 맺을 수 있다고 믿으니, 꾸준하게 공부하며 열심히 살고자 합니다.

"하늘은 스스로 돕는 자를 돕는다" 하시니 나를 어여삐 여겨주시어 새롭게 변화되게 해주소서, 아름답고 향기롭게 잘 살면서 '굿 라이프'의 길을 가겠다고 오늘도 또 마음 다잡아 나를 응원합니다.

동료상담사 교육과정을 마치며

최보라

전 고등학교 교육만 받아서 대학교수님들을 한 번도 만난 적이 없고, 대학을 다니며 교수님들의 강의를 받아본 적도 없습니다. 동료상담사 교육을 시작하면서 여러 대학교수님을 뵙게 될 기회가 생기면서 잠시나마 대학생인 것 같은 기분을 느꼈습니다.

어느덧 하반기에 접어들었고 생소하고 어색했던 교육시간이 끝나갑니다. 같이 시작했던 우리 동지분들, 잊지 않을 겁니다. 서로 모습과 생각들은 다르지만, 앞날을 위해 노력하는 모습은 하나입니다. 더욱 나은 내일을 기대하는 마음은 우리 모두에 바람일 것입니다. 아니 상처가 깊은 만큼 치유로 회복된 삶의 행복이 클 것입니다.

김용근 전문위원님을 비롯한 관계자분들과 우리 동료상담사 교육을 받은 2기 동지분들~

파이팅!!!

실패와 변화에 대하여

성영진

작년 겨울 저는 가진 돈을 모두 탕진하고 차라리 죽는 것이 낫겠다는 생각을 했습니다. 늘 그랬듯 후회하고, 자신을 한탄하며 매일 자책에 빠져 있었습니다.

사실 4년 전, 이미 단도박을 결심하고 스스로 출입정지를 시킨 적이 있습니다. 그때 정말 열심히 앞만 보며 살겠노라 단단히 작심했습니다. 그 후 열심히 일해서 생활이 안정되기 시작했고, 아들 결혼식까지 무사히 잘 치렀습니다. 작지만 꿈이었던 농원 부지까지 확보할 수 있게 되었습니다. '아! 이젠 살만하구나' 생각했을 때 어딘가 한구석이 다시 꿈틀대기 시작했습니다.
바보같이 '그래, 이젠 잘할 수 있을지도 모른다'라는 생각이 들었나 봅니다. 출입정지를 풀기 위하여 건성으로 교육을 마친 후, 결국 카지노를 다시 출입하게 됐습니다. 그러나 뻔한 결과였습니다!!!

그때 저는 다시 단도박을 결심하고 KLACC에 문을 두드렸습니다. 그 순간 후회와 잘했다는 생각이 제 머리를 정신없이 만들었습니다. 첫 시간 상담사 김정희 선생님을 만났고, 제 말에 귀 기울여주시고 공감해 주시는 선생님을 뵈면서 점차 자신이 생겼습니다.
'잘 살 수 있겠다, 극복할 수 있겠다…' 하지만 그러면서도 마음 한구석은 늘 불안했습니다. 성공했다 믿는 순간 다시 찾아왔던 유혹이 자꾸 떠올랐습니다. 실패의 경험은 생각보다 깊이 제 안에 남아 있었습니다.

자신감과 불안감이 내 머릿속에 공존해 있었습니다. 그때 김정희 선생님께서 지금 받는 동료상담사 양성과정에 대해 권유를 해주셨습니다. '굳이 내 처지에… 먹고살기 힘든데… 그 교육이 필요하겠나?' 하는 생각이 먼저 들었습니다.

그렇지만 한편으로는 '4년 전에 그랬듯 재발하는 것에 대한 두려움을 치료할 수 있지 않을까?' 하는 기대도 들어, 선생님께 "네~ 참여하도록 하겠습니다" 하고 결심을 말씀드렸습니다. 결단을 내리긴 했지만, 그때에도 역시나 '내가 과연 할 수 있을까?' 하는 자신에 대한 의심이 계속 남았습니다.

먹고살기 힘들어 하루 일당을 받고 여기저기서 막노동을 하면서도 교육을 받으시는 어르신들을 보면서 '아~ 뭔가 있구나' 하며 첫 강의를 받았습니다. 첫 시간 강선경 교수님의 '중독과 정신건강' 강의를 들으면서 '그래, 나 혼자만의 문제가 아니었구나'라는 일종의 동지애를 느꼈습니다. 나 혼자만의 문제가 아니니까 더 이상 괴로워하지 말고 자책하지 말자고 생각하였습니다. 도박 이야기만 나오면 눈물이 났던 저에 대해 서서히 알고 싶어졌습니다.

두 번째 시간 채정아 교수님은 재발하지 않으려면 무던히 계속 노력해야 한다는 말씀을 하셨습니다. 석탄 물과 흙탕물이 용기에 담아졌을 때를 비유하면서 하신 말씀을 들으며 계속 교육받고 치유해야 한다는 생각을 했습니다.

수업 과정 모두 좋은 시간이었지만, 인문 치유시간이 특히 가슴에 와닿았습니다. 상종열, 김영하 교수님의 강의를 들으면서 나 자신의 응어리를 조금은 풀어낸 것 같습니다.

이 과제를 내주신 이효선 교수님. 작지만 당찬 모습이 선합니다.^^ 이효선 교수님을 통해 저는 저 성영진을 찾은 것 같습니다. 도박으로 나도 모르게 잃어버렸던 나 자신을 찾게 해주신 이효선 교수님께 진심으로 감사드립니다. 지금 전 제 모습을 보면서 너무 행복합니다.^^

이렇게 나를 찾게 해주신 제 첫 상담사, 김정희 선생님, 김용근 선생님을 비롯한 모든 분께 진심으로 감사드립니다. 아울러 같이 교육받으시는 2기생 모든 분께도 감사하다는 말을 꼭 하고 싶습니다.
정말 정말 감사합니다. 모두 사랑합니다. ♡♡

요즈음 도박을 정리하고 나서!

한홍수

작은 일에도 짜증이 자주 나고, 연속극을 보다가 슬픈 장면이 나오면 자주자주 눈물이 난다. 가슴도 자주 답답함도 느낀다.

클락에 대한 고마움을 마음속에서 느끼고 있다!
김용근, 이영주 선생님의 자문과 교육을 받으면서 마음에 씨앗을 찾고 있는 것 같다. 클락에서 직업지원을 받아 운전면허증도 따고 또 컴퓨터 학원도 다니면서 자격증을 취득할 예정이다.

현재 주위에 도박하는 사람들한테는 정지하라고 권유하고 싶다. 내 인생처럼 되지 말라고!

나의 마음이 조금씩 안정되면 새로운 직장도 잡고, 작은 봉사 활동도 하고 싶다. 마음이 안정되고, 가족들도 만나고! 친척! 친구! …! …! …!

보통 사람들처럼, 작은 봉사 활동도 하면서 새로운 인생을 살고 싶다!

회복을 꿈꾸는 자들의 고백록

자유롭고 평화로운 삶

이승기

인생을 뒤돌아 바라봤을 때 지금 이 순간이 가장 자유스럽고 평화롭다. 재물, 지식, 명예, 삶의 풍요 등 마음이 쫓고자 했던 집착이 사라지니 과거에 대한 아쉬운 마음이나 미래에 대한 불안이 연기처럼 흩어져 버린다. 좀 더 과장되게 표현하자면 과거의 잘못된 시간이 마치 지금 이 순간을 위해 예정된 하나의 순서처럼 느껴진다.

그렇다고 과거의 시간으로 돌아갈 수 있다면 도박이라는 잘못된 과정을 되풀이하고 싶은 생각은 추호도 없다. 여기에서의 핵심은 더 이상 과거의 잘못된 시간이 내 안에 찌꺼기로 남아서 몸과 마음을 병들게 하지 않는다는 것이다. 이로 인하여 병들지 않는 현재에 존재하는 나 자신이, 이 시간이 더욱 명료하게 다가온다.

현재 호흡하고 글을 쓰는 이 순간이 나에게는 가장 큰 행복이고 축복이다. 내일 해야 할 일, 다음 달에 계획된 업무들, 내년에 진행될 계획들. 이처럼 노트나 핸드폰에 적혀 있는 다가오지 않은 미래들이 결코 이 순간을 망치지는 못한다. 이것이 내가 자유스럽고 평화로운 이유다. 이 소중한 하루하루가 모여서 도박이라는 늪마저도 푸른 초원으로 덮일 수 있는 날을 소망해 본다.

효성에게

임효성

To : 효성아

2018년 11월 8일, 효성아 오늘도 잘 있었니?

지난 25년 동안 마음고생 많았다. 그리고 중독의 질병에서 회복의 과정으로 와줘서 너무 고맙다고 해주고 싶구나. 모든 사람이 뭐라 해도 씩씩하게 이제부터는 네 삶을 살아가면 된단다. 이제부터는 네가 하고 싶은 일, 해보고 싶었던 일을 남 눈치 보지 말고 마음껏 해보렴.

네가 그랬지, 나만의 사전 만들기에서. 땀 흘려 보람 있게 일한 노동의 대가이자 결실이 적금통장이고, 이것은 이제 제2의 삶의 터전이 될 것이라고 했잖아. 이렇듯 요즘 열심히 사는 모습이 정말 아름답구나.

그렇다고 자만하지 말고 지금처럼 잘하면 된단다. 현재 너의 삶이 평온해졌다고 자만하면 재발의 유혹이 온단다. 절대 재발의 유혹에 현혹되지 말자.

지금 잘하고 있으니 더도 말고 덜도 말고 지금처럼만 하자

효성아! 파이팅!

다음에 우리 더 좋은 모습, 더 변화된 모습으로 또 보자.

잊지 말자, 지금 그대로의 모습으로!!

2018년 11월 8일
효성이가

Now, who I am

장상건

My life was full of painful things.

Those lead me to struggle lots of barriers and feels me happy whenever I overcome those things one by one.

Gambling was one of numberless painful stuffs.

It was the most painful thing that I have ever experienced, but I am really touched by the feeling of triumph against the huge monster.

Now, I have only one conclusion that every pain has been a real teacher who has helped to lead me to be a thoughtful human being.

Thanks to passing the tunnel of lots of agonies,

I can say 'thanks' to a small thing that I meet every moment at daily life.

I dare to say to myself, "Hey, Mr. Chang, you're all right and you are fully qualified to be deserved to be loved by the one whom you are fallen in love at the very this moment."

2018. 11. 10.
Chang, Sanggwon

心

황보환

소소한 일상들 속, 소소한 사정들은 작은 즐거움으로 다가온다. 가끔 소소한 사정들이 커지려는 순간은 있지만, 곧 즐거움으로 변화하는 짧은 시간이기에 약간은 의문 섞인 행복마저 느낀다.

안다는 것은, 또 모른다는 것은 어떤 차이일까? 이제는 사람을 알 때이지 싶다. 너를 알고 나를 알면 모자람이 있을까. 사람의 마음 하나, 그 천의 얼굴을 가진 그거 하나 알려고 아주 오래 모자란 공부를 해왔는데, 어느 때는 알다가 또 어떤 때는 멀리 달아나 알아볼 수 없는 안타까움. 두 마음이 관계의 울타리 속에 있을 때 더 환하게 시각화되는 관계적 선명함. 알아볼 수 없을 때가 아는 것인지, 선명해서 다 보일 때가 아는 것인지 나는 모른다. 아는 것은 그것밖에 없다.

가을이 겨우 앞뜰 노란 벚나무 잎 몇 장에 매달려 있다. 모든 것은 시절 인연이고, 나는 시절 인연 속에 있을 뿐이고 그것이 변하면 나도 변한다.
내겐 실패는 없다. 변화만 있을 뿐이다.
내겐 나이도 없고, 시간도 없다. 오고 감이 자유로운 청춘이기에.

나의 이야기 *Part.2*

고운(高雲)

이경훈

외로운 봉우리를 감싸는 구름.
외롭고 고독한 삶에서 지역주민과 회복자 동료들과 함께 동화하는 삶
으로

나를 사랑하시는 나의 주님!

유애자

넓으신 두 팔로 내가 온전한 삶을 살 수 있도록 오랜 시간을 기다려주신 주님,

안나는 이제 인생의 여정을 주님과 함께하고자 당신의 품에 안기고자 돌아왔습니다.

저의 과거 상처와 슬픔, 악습에서 벗어나 새로운 인생길에서 두 번 다시 당신을 떠나는 아픔을 겪지 않도록 도와주소서.

사랑합니다. 찬미합니다. 아멘!

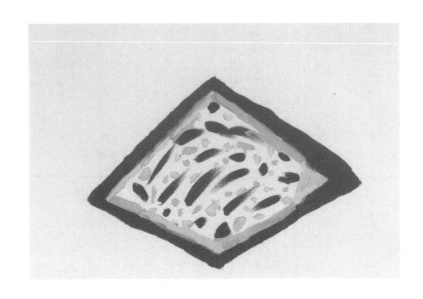

돈

이갑식

나는 돈이 좋다.

얼마 전까지는 돈을 빼앗아만 봤다.

막상 빼앗겨보니 이제는 뺏긴 심정을 알게 되었다.

앞으로는 돈을 많이 벌어서, 힘들고 어려운 사람들과 함께 쓰고 싶다.

동네 예배당

최보라

지금 내가 다니고 있는 교회의 모습이다.
이곳에서 내가 할 수 있는 일, 하고 싶은 일을 찾아서 하며 함께 어울
리는 시간을 보내고 있다.

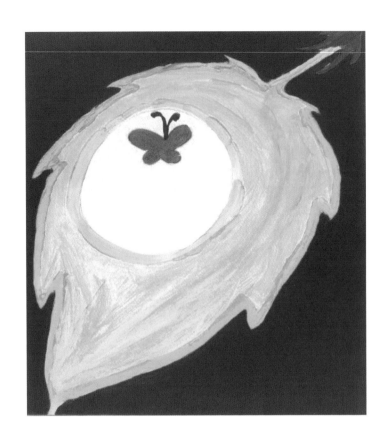

부활

장상건

검은 바탕은 그동안의 힘들었던 마음
숲속 자연의 상태에서 중요한 나뭇잎 속 이슬은 숲을 들여다보는 통로
그 안에 있는 나비 혹은 매미 그리고 나
태초의 순수했던 나로 돌아가고 싶은 마음, 원래의 나로 다시 태어나
고 싶은 바람

산장 집

한홍수

산과 강이 있는 곳에 있는 한적하고 살기 좋은 곳.
언젠가는 이런 곳에서 가족들과 동료들과 낚시도 하고 산책도 하고 텃
밭에다 작물도 가꾸면서
좋은 시간을 함께 보낼 수 있기를 꿈꿔본다.

신호등

임효성

빨간색 번개는 경고와 정지, 노란색 번개는 정지 예고, 파란색 번개는 진행을 의미한다.
녹색은 회복이 진행되는 과정으로 전체를 둘러쌌다.
동료상담사 과정에서 회복 유지라는 의지를 나타냈다.

회복을 꿈꾸는 자들의 고백록

아름다운 농원

성영진

큰 산은 앞으로의 내 삶을 크게 만들어 사람들에게 그늘이 되어주고
싶은 마음
큰 강물은 아픈 상처로 닫힌 마음을 강물에 흘려보내고 유유히 편한
마음으로 살고 싶은 마음
하트 모양의 구름은 이 아름다운 농원에 어울리는 아름다운 여인을 그
리는 마음

우산 쓴 성냥팔이 소녀

유경애

비 오고 몸은 아프다.

성냥을 팔아야만 하는데……

하루 이틀쯤 배고픔을 견디고, 그 성냥개비로 내 몸을 데우련다.

아! 다행이다.

비를 피할 수 있는 노란 우산이 있구나.

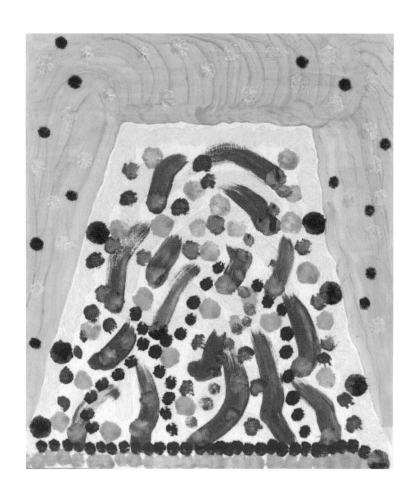

풍장

황보환

삶과 죽음의 경계를 무너뜨리는 작업
바람이 주는 의미, 속살…
깃봉암의 생동감

흔들리지 않는 마음, 심(心)

임영옥

흔들리지 않는 나무처럼
지금까지 지켜왔듯이 어떤 유혹이 오더라도 나 자신 지킬 수 있도록
다짐하는 마음입니다.

흔들리지 않는 마음의 닻

이승기

거센 풍랑이 일어도 바닷속 2~3m만 내려가면 고요하고 잔잔함을 경험하게 된다.

외면의 환경은 언제나 풍랑이 일지만(관계 속에 살아가는 되돌릴 수 없는 삶), 내면에 닻을 내리면 흔들리지 않음을 경험하게 될 것이다. 내면에 커다란 닻을 내리고 외부에서 불어오는 파도를 즐기면서 살고 싶다.

◆ Chapter 3 ◆

현장에서

김영하

파리 8대학 Arts plastiques 학사를 거쳐 art contemporain et nouveaux medias에서 석사과정을 마쳤으며, 현재 경희대학교 후마니타스칼리지 예술 교과에서 강의하고 있다. 시민대학과 자활센터, 고등학교 등의 인문학 수업을 통해서 현대미술과 가까워지기 위한 이론 수업을 비롯해 자신의 성찰 과정을 가질 수 있는 실기 수업도 병행하고 있다. 석사 논문으로 『거울 속 변형과 현실의 지각 /Figures déformées et perception du réel à travers des surfaces miroitantes』이 있다.

과거에서 미래로
- 동료상담사 양성과정을 진행하며

김영하(미술 담당)

1. 과거에서 현재로

서강대와 강원랜드가 단도박자들을 위한 동료상담사 프로그램을 만들고 인문학 팀의 수업 한 부분에 참여하게 되었을 때, 인문학 팀 수업에서 가장 크게 중점을 둔 것은 지난 과거와 직면하는 것이었다. 사실 버리고 싶은 과거를 들춰내고 현실을 직면하는 일은 쉬운 일이 아니다. 나 또한, 그리고 그 누구든 한 번쯤은 부끄러운 자신을 한쪽 구석에 몰아두고 돌아보지 않는 경험을 해보았을 것이다. 다시는 떠올리기 싫어서 그냥 지난 과거처럼 치부해버리고 싶은 게 우리네 알량한 마음이다.

그러나 이것은 버려진 것이 아니라 외면하고 싶은 나이기에 내면에 남아서 나 자신을 더 싫어지게 만들거나 수치스럽게 만드는 불편함을 초래한다. 그리고 이 불편함은 우울함으로 다가와 내면의 고통을 더 짙게 만들 것이다. 그 때문에 좀 더 가벼이 미래를 향해 가기 위해 가장 필요한 것은 자신을 돌아보고 자신과 직면하는 것이다. 단순한 회피적 행동이 내면의 고통까지 갔던 부분을 끄집어내는 것. 한껏 울고 나면 무거운 마음이 조금 해소되듯이 고통을 끄집어냄으로써 후회 내지는 죄책감에 빠져 있던 부분을 건드리면서 그것이 더 이상 감추어야만 하는 부끄러운 일이 아님을 서로 간의 대화를 통해서 풀어나가고자 하는 것이다.

물론 여기 참여하신 분들은 이미 짧게는 몇 달, 길게는 몇 년 단도박을 하신 분들이지만 상담자로서 다른 내담자를 마주하기 위해서는 자신에게 먼저 솔직해져야 한다. 이것은 타인에게 당당하게 다가갈 수 있게 할 것이고, 부끄러웠던 과거는 오히려 현재 혹은 나중에 마주하게 될 단도박을 원하는 사람들을 위한 상담에 더 큰 힘을 줄 수 있을 것이다.

도박에 빠지는 이유는 다양했다. 도박을 한참 하는 동안에는 현실에서 벗어나 돈을 따는 재미 내지는 그것을 통해서 부족한 마음 한 부분에 대한 의존성을 지니게 된다. 인문학 수업에서는 도박을 통해 연결된 과거와 현재, 그리고 미래를 다시 그려나가기로 했다. 과거의 나 자신으로 돌아가 스스로가 의도적으로 단절했던 삶을 연결해보고자 한 것이다. '과거에서 현재', '현재에서 미래'를 큰 주제 삼아 자신의 과거를 돌아보고 현재를 직시하며 다시 미래를 꿈꾸게 하는 것을 돕고자 했던 것이 인문학 수업의 큰 틀이었다.

인문 치유의 시간은 영성을 제외하고, 크게 세 개의 과목으로 이루어졌다. 인문학 수업에서 각 개의 수업은 별개로 이루어지지 않았다. 허락된 시간이 많지 않은 만큼 더 빨리 참여자분들의 내면과 마주하기 위해 서로의 수업에 연계성을 두었다.

먼저 철학수업에서는 삶의 경험을 통해 공감대를 형성하여 참여자분들의 마음을 열어주는 수업이 진행되었다. 가장 큰 산인 자기 자신에게 다가가 스스로를 마주 볼 수 있게 하는 포문을 여는 어려운 역할이었고, 그 덕분에 참여자분들은 마음을 열 준비를 해주셨다. 덕분에 이후 진행된 문학과 미술수업 진행에서 좀 더 마음 편히 참여자분들에게 다가갈 수 있는 길이 열렸다.

미술과 문학수업에서는 그림과 글을 통해 단도박 후 자신을 억누르는 무거운 마음과 더불어 억제되었던 감정을 들춰내는 수업을 이루어 나갔다. 과거의 나를 고백하고 현재의 욕망을 표출해보는 시간을 갖기도 하고, 서로를 위안하고 감정을 공감해나가는 시간을 갖기도 하였다.

지금까지 일 년에 한 번씩 두 개의 기수가 2급 동료상담사 프로그램을 수료하였다. 1기 때는 문학수업이 먼저 진행된 가운데, 미술수업에서는 문학수업에서 나왔던 글을 그림을 통해 더 구체적인 모습을 드러내게 하였고 잠시나마 미래를 꿈꾸는 모습을 담아보는 시간을 가졌다. 2기에서는 미술수업이 먼저 진행되어 그림으로 먼저 표현하고 그 이후에 문학수업에서 그림에 관한 이야기를 나누면서 글로 더 구체화 되도록 진행되었다. 물론 가장 중요한 것은 각 수업에서 실기를 매개로 해 자신을 표현해보는 그 자체였고, 더불어 서로 이야기를 나누고 들어주며 토닥이는 과정 역시 서로에게 위안과 힘을 주기 때문에 매우 중요했다.

표현의 수단으로써 미술은 나를 드러내기 좋은 방법임이 틀림없다. 사실 많은 작가가 그렇듯 작품을 통해 자신을 치유하고 이겨나가는 사례는 예로부터 지금까지 무한히 보아 왔을 것이다. 미술 치료라는 분야가 존재하듯이 미술은 그들의 내면을 잘 드러낼 수 있는 좋은 수단이기도 하다. 하지만 여기에서 나는 미술 치료라는 것과는 조금 거리를 두고 싶다. 이 과정은 그들의 그림을 통해 분석하고 해석을 해주는 것이 아니라, 스스로 자신과 직면하는 기회를 주는 것에 가깝다.

하지만 무턱대고 그림을 그리라는 것은 누구에게나 거부감부터 들 것이다. 더군다나 미술이라는 분야는 재주 있는 특정인이 하는 것이라는 인식이 강한 세대의 분들은 더 그렇다. 문화를 즐기는 시간이 많아진 지금 젊은이들과는 다를 수밖에 없다. 자주 접하지 않았던 분야에 대한 낯섦이 두려움을 야기하는 것은 당연하다. 다른 모임 활동에서 미술을 접하고 그림을 즐기시는 몇몇 분들도 계셨으나, 과정에 참여하신 대다수분은 미술용품을 잡는 것조차 부담스러워하셨다. 하지만 단도박의 의지를 강하게 지니고 계신 분들이니만큼 두려움을 누르고 서로를 격려해가며 일단 모두 시작을 하셨다.

여러 수업을 통해 느낀 재미난 것은 거부감을 가지시던 분들도 시간이 주어지면 어느 순간 집중하신다는 것이다. 생에 대한 의지가 강하셨던 참여자분들은 더 열심히 집중하시는 모습을 보여주셨다. 못한다고 딱 잡아떼시다가도 남들보다 더 열심히, 더 많은 솔직함을 담으셨다. 끝까지 손대지 않을 것처럼 하시던 분이 시간이 지나면서 조용히 펜을 들어 그림을 그리고 계실 때의 모습, 외면하는 태도로 계시다가도 어느새 작품 하나를 완성하시는 분들의 모습은 감동으로 다가오기까지 한다.

현대인들은 이 바쁜 세상에서 사실상 자신을 잊고 지내기 쉽다. 어느 순간, 주어진 것을 해결하기 위해, 남들에게 보여주기 위해 무엇인가를 해나가는 나 자신을 발견할 것이다. 그 때문에, 문제를 해결해 나가도 소위 성취감이나 쾌감 같은 것들은 쉬이 다가오지 않는다. 거기에서 오히려 무력감이나 상실감을 얻어 갈 뿐이다. 이렇게 상실된 나 자신에 집중하기 좋은 수단 중 하나가 그림이다. 주어진 것들을 다 잊고 나한테만 집중하는 시간. 그래서 한때 컬러링북이 유행하기까지 하지 않았는가. 색칠 공부가 무슨 도움이 되나 할지도 모르겠지만 잠시나마 시끄러운 세상을 잊을 수 있는 시간을 제공한다.

비슷한 마음으로 참여자분들에게 간단한 드로잉을 통해 자신에게 집중할 시간을 주는 것으로 실기를 시작하였다. 물론 낯선 활동에 대한 두려움을 털기 위해 예시 작품들을 보여드리고 쉽게 표현하실 방법을 제시하여 최대한 쉽게 접근하시도록 했다. 가벼운 드로잉이지만 이

시간은 자신에게 집중하면서 외면했던 나를 들춰내는 시간이다. 그 큰 틀은 감정이다. 색칠을 통해 주변의 것들과 단절된 시간을 보내고자 하는 현대인들의 집중 시간과는 조금 다르다. 오히려 외면했던 시간을 꺼내 들기 위한 감정 드로잉이다.

다양한 자신과의 만남을 위해 좀 더 구체적인 제시어들을 통해 좋았던 감정, 그리고 슬펐던 감정, 화났던 감정, 나에게 소중한 것이나 중요한 사람들을 표현하도록 했다. 그리고 이를 바탕으로 서로 대화를 하도록 했다.

여기서 서로 이야기를 나누는 것이 매우 중요하다. 울음을 통해 억제된 감정을 터트리는 것과 같이, 표현하고 설명하는 것은 일종의 감정의 터트림이다. 그리고 그렇게 외로웠던 시간을 토로하며 서로 위로할 수 있는 시간이기도 하다. 이미 자신의 감정을 잘 컨트롤하시는 분들도 계셨지만 억눌렀던 감정을 터트리며 눈물을 보이는 분들도 계셨다. 감정의 흔들림으로 머뭇거렸지만, 끝까지 말을 이어가시던 분들의 모습이 너무도 인상적이었다.

이분들에게 비록 지금은 힘들겠지만, 힘듦을 조금씩 해소해 나간다면 곧 미래를 위한 자양분으로 바꿀 수 있을 것이다. 이렇게 이 시간은 서로에게 노력하는 모습을 통해 모두 힘을 얻어가는 시간이 되었다. 앞으로 변화하고자 하는 의지를 다지고 도박을 통해 잃어버렸던 금전적인 것뿐만 아니라 주변인들, 가족들 그리고 자신에게 좀 더 다가갈 수 있는 시간이 되는 것이다. 외로움과 수치심을 꺼내어 놓았을 때 우리는 조금 더 현실 앞에, 그리고 남들 앞에 더 당당히 나설 수 있기 때문이다.

1기분들과는 드로잉을 마친 다음 작업으로 문학수업 때 썼던 글을 이미지화해보는 시간을 가졌다. 인문학 팀의 수업 커리큘럼은 사전에 충분히 교류된 상태였기 때문에 글을 이미지로 연결하는 작업은 수월하게 이루어졌다.

　사실 글과 그림 그 어떤 방식으로든 자신을 표현할 수 있도록 유도하는 것이 목표였는데, 두 가지 방식을 병행하고 연결하면서 참여자분들도 적극적으로 과정에 몰입해주셨다. 어느 정도 표현에 익숙해진 후, 현재 또는 미래를 담은 자화상을 그리도록 했다. 스스로의 현재와 미래의 모습을 그림으로 표현하는 일은 어렵지만 필요한 작업이다. 작품집에 수록된 작품들은 바로 이러한 과정을 통해 탄생한 것이다.

　그러나 수업에 주어진 시간이 한정되어 있어 이 모든 것을 진행하기엔 시간이 턱없이 부족했다. 그림을 그리는 시간도, 대화하는 시간도 충분히 여유롭게 이루어지지 못한 점이 내내 아쉬움으로 남았다. 한순간, 한순간 자신에게 다가가는 시간이 중요하기에 그 어떤 재촉도 하고 싶진 않았는데, 수업이 진행되면서 조급한 마음에 자꾸 시계를 들여다보는 나를 발견하게 되었다. 그 때문에 2기 과정에서는 실기를 대폭 줄이고 이야기를 나누는 시간을 조금 더 많이 가지기로 하였다.

　마지막에 자화상을 직접 그리는 것이 아니라 자신을 대변하는 사물을 그리도록 하였고 그에 관한 이야기는 다음에 이루어질 문학수업에서 연결하여 나누도록 시간을 배분하였다. 수록된 작품을 보면 알겠지만 1기분들의 자화상에 비해, 2기분들의 그림에는 사물이나 풍경 등이 더 다양하게 등장하게 된 이유이기도 하다. 덕분에 먼저 이루어진 드로잉 시간을 충분히 쓸 수가 있었다. 한 분 한 분에게 정성을 들이는 시간이 늘어났고, 이야기를 나눌 수 있는 시간도 조금 더 여유로워졌다.

　물론 1기 때보다 충족되는 시간이긴 하였지만, 실기 시간은 여전히 촉박하여 아쉬움이 남았다. 사실 어느 수업이나 참여자분들의 성향에 따라 실기의 시간이 천차만별로 이루어진다. 그래서 늘 시간을 통제하고 배분하면서 수업을 끌어나가야 한다. 하지만 유독 이번 프로그램에서 아쉬움이 크게 남는 것은 아무래도 참여하신 분들의 강한 단도박 의지 때문이 아닐까 싶다. 새로운 나로 나아가기 위해 애쓰시는 분들을 위해 조금이나마 도움을 드리고픈 나의 욕심에서 오는 아쉬움이 아니었을까 싶다.

이렇게 완성된 그림들이지만 완성도 면에서는 다소 떨어진다 할 수도 있겠다. 시간적 제약도 그렇지만, 무엇보다 전공자 아니 그림 자체에 익숙한 분들이 아니기 때문에 어찌 보면 당연한 일이다. 그러나 사실 여기에서 그림을 잘 그리느냐 못 그리느냐 하는 것은 중요한 것이 아니다. 실기를 통해서 마음을 풀어 놓을 기회를 가지는 것, 그렇게 자신에게 집중하고 다시 들여다보는 그 시간 자체가 소중한 것이다.

그렇기에 마음의 문을 열고 참여를 하도록 하는 것이 무엇보다 우선이다. 자신에게 충분히 집중하고 억제된 감정을 조금이나마 풀어나갈 수 있는 시간이 되었다면 거기에 충분히 만족한다. 그것은 준비된 시작이 되니까. 그리고 그 시작 속에서 드러난 솔직한 감정들은 인위적인 그 어떤 그림보다도 완성도가 높은 것으로 생각한다.

2. 현재에서 미래로

몇 달 만에 워크숍에서 다시 만난 그분들은 한결 밝아져 있었다. 맑아진 얼굴과 빛나는 눈빛에서 어떻게 현재를 보내시는지 짐작할 수 있었다. 바다가 내려다보이는 커피 향 가득한 공간에서 그간 지내온 이야기를 나누었다.

그분들은 동료상담사 프로그램 이후에도 지속적인 만남을 가지고 활동을 하고 계신다. 진실을 인정하고 마주하고 나니 더 이상 죄책감이나 수치심 때문에 찌든 모습으로 살아가지 않는다고 하셨다. 이제는 자신을 인정하고 그것을 긍정적인 에너지로 만들어 자유를 얻어 나가고 있다고도 했다.

여기에는 지속적인 만남과 유대감이 중요한 부분인 것 같았다. 의지의 끈을 놓지 않고 그렇게 서로가 서로에게 힘이 되어주는 모습이 보기 좋았다. 자신을 이해하고 타인을 이해하는 일은 결코 쉬운 일이 아니지만, 이렇게 다시 시간을 내어 각자의 어려움을 애기하면서 서로 힘듦을 공감해 주면 그것만으로도 큰 위안이 되고 감동이 될 것이다.

이번 워크숍에선 현재의 자신 그리고 이루어나가고 있는 꿈과 현재의 욕망에 관한 애기를 나누었다. 이미 자신을 잘 극복하고 다른 방향을 찾아서 힐링하면서 주변의 중독자분들이나 단도박을 결심한 분들을 도와주시는 분들도 계셨지만, 아직도 가끔은 도박이 생각난다고 솔직하게 고백하는 분들도 계셨다.

이때 동료상담사 과정인 만큼 인문학 팀이 나서기 전에 서로 공감하면서 마음을 다잡고 힘을 주는 모습을 보여주었다. 이렇게 서로의 현재 상황을 공유하고 앞으로 살아갈 방향에 관한 이야기를 나누는 자리가 또 한 번 마련되었다는 것을 확인할 수 있었다.

본격적으로 이야기를 나누기 전에 수업 때 진행했던 내용을 잠깐 복기하는 시간도 가졌다. 강의실에서 이루어지는 정식 수업이 아니라 기분 전환을 위해 오랜만에 나온 나들이만큼 게임처럼 느낄 수 있는 간단한 드로잉을 시작했다. 일단 그림을 시작하면 끝까지 펜을 떼지 않고 주변의 사물들을 그려보도록 했다. 언제나처럼 처음에는 당황해하시다가 금방 집중하여 드로잉을 하시는 모습은 나에게 자그마한 감동을 선사했다.

그다음으로는 서로의 얼굴을 그려보는 시간을 가졌다. 그간의 이야기를 나누는 것이 워크숍의 주요 목표였기 때문에 앞서 진행한 드로잉과

회복을 꿈꾸는 자들의 고백록

같은 방식으로 펜을 떼지 않고 옆 사람의 얼굴을 그리는 방식이었다.

펜을 떼지 않고 선명한 얼굴 묘사를 하는 것은 쉬운 일이 아니다. 여기서 중요한 것은 옆 사람의 얼굴을 서로 마주하는 것이다. 누군가의 얼굴을 관심 있게 들여다보고 내 마음에 이미지로 새기는 일, 마음만큼 제대로 표현하지 못해 미안해하며 서로에 대한 감정을 표현하는 과정, 다 그린 그림을 서로에게 선물로 주는 나눔의 과정, 바로 그 과정 자체가 소중하다.

이미 서로를 신뢰하고 마음을 나눈 참여자분들은 유쾌하게 이 과정을 수행해내셨고 이어진 대화의 시간에서 그 마음을 그대로 표현해주셨다. 작품집에 수록된 작품들은 이 과정에서 나온 것이다. 현재를 함께하고 미래로 나아가는 또 다른 의미의 가족 같은 사람들이 마음을 나누는 다른 방식이었다고 말하고 싶다.

대부분의 참여자분은 동료상담사 양성과정을 통해 많은 힘을 얻으셨다고 했다. 하지만 여전히 힘든 부분에 관한 이야기도 자연스럽게 함께 나왔다. 존재하는 어려움 중 가장 큰 것은 외로움과 두려움인 듯했다. 많은 것을 잃어버렸던 경험을 하신 분들이고 그 경험을 통해 얻은 철저한 외로움이 완전히 극복되기란 쉬운 일이 아닐 것이다. 그리고 현재와 미래에 대한 두려움들이 온전히 사라졌다고도 할 수 없을 것이다. 중독을 경험하지 않은 사람들에게도 있는 생에 대한 두려움인데, 문득문득 다시 그 시절로 되돌아가게 될지도 모른다는 두려움까지 겹치게 되었을 때 오는 공포는 이루 말할 수 없을 것이다.

그래서 더욱더 이러한 프로그램은 지속해서 이루어져야 한다는 생각이 들었다. 독서모임이나 노래모임을 통해 지속적인 만남을 가지고 계시거나, 다른 소모임을 하고 계신 분들은 그 모임을 통해 이런 감정들을 해소하고 계신다고 했다.

반면 바쁜 일상 때문에 다른 소모임을 가지지 못했던 분들은 상당히 답답함을 느꼈는데, 워크숍을 통해 오랜만에 동기 과정생들과 비슷한 경험을 가진 다른 기수들을 만나게 되어 속이 뚫리는 기분이라고 하셨다. 오랜만에 마음을 터놓을 수 있는 만남의 시간이 상당한 위로가 된 듯 보였다. 워크숍 전날에 마치 어린 시절 소풍 전날 같은 기분이 들어 잠을 설쳤다고 하신 분도 계셨으니, 이 시간이 이분들에게 얼마나 중요한 시간인지 다시 한번 인식하게 되었다.

사실 잃어버렸던 모든 것을 다 찾아 나가기에는 시간이 아직 많이 필요하다. 그 과정에서 때로는 찾지 못하고 버려야 할 것들이 있을 것이다. 그러나 포기하지 않고 현재를 마주하고, 그 과정에서 다시 미래의 꿈을 찾아 나가셨으면 하는 바람이다.

이미 그 길을 찾아 힘을 가지고 가시는 분들이 있고, 지금도 자신을 테스트하며 싸워나가시는 분들이 계신다. 그렇지만 공통으로 모든 분이 전보다는 두려움이라는 것이 줄어든 것은 확실하다. 그렇기에 누구나 할 것 없이 적극적으로 대화에 동참해 주셨고 인문학 팀이 진행하는 모든 과정에 솔직하게 임해주셨다. 자신을 내보이는 것에 대한 두려움이 줄어든 것이다. 이것은 단도박 이후 동료상담사 프로그램을 통해 함께한 동료들이라는 공통분모가 없었다면 힘든 일이 아니었을까.

앞으로도 이분들이 지속해서 함께 나아가는 길을 만들어 가셨으면 좋겠다. 그 길에 작은 도움이라도 되어드릴 수 있다면 언제든 동참할 생각이다.

수업 이후 지금까지 나는 그분들의 의욕과 의지를 보았고 그것은 나에게 감동으로 다가온다. 여기 참여자분들은 어찌 보면 인생, 사는 것에 있어서는 나보다 선배님들이시다.

수업시간을 통해 내가 그분들에게 도움을 줄 수 있는 것은 자신에게 집중할 시간을 드리는 것, 그것뿐인지도 모른다. 짧았던 시간이었던 만큼 그 시간이 치유라는 단어까지 갔는지는 확신할 수 없지만, 자신을 직면하고 아픔을 끌어냄으로써 어둠에 감추어 두었던 고통이 어느 정도 해소되었길 그저 바랄 뿐이다.

그럼에도 수업에 집중해주시고 잘 참여해주신 참여자분들께 고마움을 느낀다. 그리고 다시 한번 책을 내도록 허락해주신 것에 대해 깊이 감사드리고 싶다.

이효선

경희대학교에서 현대문학으로 박사를 수료하고, 경희대학교 범아프리카문화연구센터 연구원으로 활동하고 있다. 경희대학교 후마니타스칼리지를 비롯해 여러 대학교와 기관 등에서 '문학과 글쓰기'를 주요 테마로 강의를 하고 있다. 특히 오랫동안 다양한 인문학 프로그램을 통해 각계각층의 사람들과 만나 함께 읽고 쓰는 과정을 거치면서, '문학과 삶'을 주제로 이야기를 나누는 데 주력하고 있다. 『키워드로 읽는 아프리카 소설』, 『키워드로 읽는 아프리카 소설 2』, 트리콘 세계문학 총서 『새로운 세계문학 속으로』 등 여러 책의 저자로 참여하였다.

함께 가는 길

이효선(문학 담당)

1. 만남

'쓴다'는 것의 힘을 믿게 된 것은 꽤 오래전의 일이다. 문학을 전공하고, 글쓰기 관련 강의를 십 년 넘게 하면서 자연스럽게 문학과 글쓰기가 주요 연구 주제가 되었다. 그 길에서 여러 인연을 만나 다양한 현장에서 수업을 진행할 기회를 얻었고, 그 과정에서 문학과 글쓰기가 가진 치유의 효과를 더욱 신뢰하게 되었다. 심리적 외상을 떠올리는 것은 괴롭고 고통스러운 일이다. 그러나 그 기억을 꺼내 어렵게 글을 이어가고, 마침내 마침표를 찍었을 때 후련해하는 순간을 자주 지켜보았다. 억눌려졌던 감정들을 토해내고 났을 때 느껴지는 감정, 흔히 '카타르시스'라 부르는 상태를 맛보게 된 후 일상으로 돌아갔을 때는 이미 이전의 '내'가 아니게 된다. 소소한 행복감을 느끼며 삶을 회복하는 데 중요한 원동력을 만들어가는 사례들을 지켜보면서, '쓴다' 그리고 무엇보다 '함께 쓴다'는 것의 위대함을 다시금 확인하게 된다. 나 역시도 이러한 경험들이 준 힘으로 지금 이 글을 쓰고 있다.

인문학 프로그램을 통해 다양한 삶을 만났지만, 중독을 경험한 분들 특히 도박중독에서 회복으로 가는 분들을 대상으로 강의를 진행하는 것은 처음이라 조금은 긴장되었던 것이 사실이다. 기존의 글쓰기 치유 효과를 확인한 사례에서 중독자를 대상으로 하는 경우가 거의 없었고,

특히나 도박중독 분야와 연결되는 연구들은 찾아보기 어려웠다. 그동안 꽤 다양한 사람들을 만났다고 생각했는데, 이번에는 연령·직업·소득 등 기존의 그 어떤 기준으로도 나눌 수 없는 새로운 사람들을 만나게 된 것이다.

그간의 경험으로 다져진 다양한 매뉴얼이 있지만 그래도 알 수 없는 불안감이 자꾸 들었다. 도박중독 분야에 관한 공부가 미천하기 때문에 생기는 마음인 것 같아 관련 자료를 찾아 읽으면서 준비를 했다. 입증된 성공 사례가 없다 보니 어떤 종류의 글쓰기를, 어떠한 방식으로, 얼마나 오랫동안 하는 것이 가장 좋을까 하는 고민이 꽤 오래 이어졌다. 인문 치유 팀에게 주어진 시간이 전체 프로그램보다 그다지 길지 않았기 때문에 더 마음이 급했다. 치유는커녕 짧은 시간 안에 마음을 열고 글을 끌어내는 것만 해내도 다행이란 생각이 들었다.

열악한 상황 속에서는 동료를 믿는 수밖에 없다. 어떤 분들과 수업을 함께하게 될지 잘 그려지지 않았지만, 주어진 정보를 최대한 활용해 강의안을 만들고 그것을 다시 인문학 팀과 의견을 교환하면서 수정해나갔다. 모든 준비가 끝났을 때는 살짝 기대감이 들기도 했다.

막상 강의를 시작하자 그동안의 걱정은 모두 기우였다는 걸 단박에 알아차렸다. 단도박 의지를 강하게 가진 참여자분들은 그 어떤 강의에서 만난 분들보다 자기 주도적으로 수업에 임해주었기 때문이다. 나는 그저 진행을 돕는 보조자의 역할이면 충분했다.

글을 쓰는 순간에 생기는 자신감은 정서적인 것에서 비롯된다. 내면의 어떠한 감정을 빈 페이지 위에 채워가면서 자신만의 작품을 만들어나가다 보면 자연스럽게 본인에게 집중하게 된다. 이때 스스로 삶에 동기를 부여하게 되는 것이다. 글을 쓰는 순간만큼은 오롯이 자기 혼자가 되기 때문에 독립성이 확보된다. 온전히 혼자라는 이유로 자신에게 의존할 수밖에 없기에 자기 존재 가치가 확보된다. 이것이 글쓰기

회복을 꿈꾸는 자들의 고백록

를 통한 치유의 기본 원리이다. 스스로가 치료의 주체가 되기 때문에 상담자가 할 가장 중요한 역할은 이야기할 수 있도록 상황을 유도해주는 것이다.

그러나 이 부분이 언제나 가장 어렵다. 참여자가 상담자를 믿고 신뢰하는 관계라 할지라도 자기 내면을 보여주는 일은 불편하다. 하물며 감정의 교류가 없던 처음 만난 사람들에게 '자신을 표현하는 글쓰기'나 '자기 성찰적 글쓰기'를 강조할 때면 민망할 때가 있다. 그런데 여기서 만난 분들은 이미 준비가 되어 있는 분들이었다. 물론, 앞서 이뤄진 프로그램들과 이러한 문학수업의 속사정을 잘 알고 계신 두 분의 인문학 팀 선생님의 노력이 있었기에 더 수월했다는 것도 알고 있다. 그러나 그 무엇보다 수업이 원활하게 진행 가능했던 이유는 참여자분들의 열의와 열린 마음이었다. 무엇을 제안하든 잘 따라와 주셨고, 쓰기와 말하기 과정에도 적극적으로 참여해주셨다.

2. 나를 위해 쓰다

글쓰기가 반드시 예술적일 필요는 없다. 치유 과정에서의 글쓰기는 더욱 그러하다. 완성된 결과물보다 쓰는 과정 그 자체에 더 집중하여야 하기 때문이다. 자기 자신과의 의사소통을 위해서 자기 주도적으로 글쓰기를 하는 경험을 가져보도록 해야 한다. 글을 쓰는 경험 자체가 곧 치료의 과정이라는 것이 글쓰기 치료의 장점이다. 글쓰기의 치료적 효과는 이미 여러 실험을 통한 연구에서 '과학적'인 효과[2]가 입증되었

---

[2] 스트레스를 받은 사건들에 대해 글쓰기를 하고 난 6주 후 면역체계 기능을 나타내는 활성화된 T 림프구 세포를 더 많이 갖게 되었다는 것을 발견한 실험, 매우 개인적이고 혼란스러운 경험에 대한 글쓰기 이후 면역 반응이나 신체 기능이 향상되었고, 특히 강하게 억제했던 주제에 관해 구체적 감정을 드러내는 글쓰기를 했던 사람들의 건강이 가장 크게 개선되었다는 연구 결과 등을 통해 글쓰기만으로 심리적 생체적 기능이 향상된다는 결과를 확인하게 하는 실험들이 꾸준히 진행되어왔다. 억눌림이라는 심리적 억제가 호르몬이나 교감신경과 연결되어 있으므로 자신이 언어로 경험을 조직하고 통제하고 표출하는 일련의 과정이다. Gillie Bolton, Stephanie Howlett, Colin Lago, Jeannie K. Wright, 김춘경, 이정희 옮김, 『글쓰기 치료』, 학지사, 2012. 참조

다. 그러나 이번 수업에서는 과학적 접근보다 '인문학적'으로 자신에게 다가가는 데에 방점을 두었다. 자기 고백을 통해 자신뿐만 아니라 타인과 감정을 소통하면서 존재를 확인하는 과정, 바로 그 자체가 주된 목표였다.

이를 위해서는 다른 과목과의 긴밀한 공조가 필요했다. 특히 실기 측면에서 미술 과목과의 연결성을 강조했다. 자신을 표현하는 방법으로 글과 그림 그 어떤 수단이든 가리지 않겠다는 의도였다. 표현하는 것이 낯설고 서툰 분들은 하나의 장르를 이해하는 데 상대적으로 시간이 많이 소요된다는 그동안의 경험들 때문에 마련한 수업 방법이었는데, 기대했던 것보다 더 자연스럽게 두 강의가 결합하였다. 창작을 기초로 한다는 출발이 같아서이기도 했지만, 무엇보다 이미 자기 주도로 무엇인가를 반드시 해내고야 말겠다는 의지가 가득한 참여자들 덕분이라고 생각한다.

강의를 시작하자마자 가장 먼저 한 일은 글쓰기는 나를 위해 이루어져야 한다는 것을 이해시키는 일이었다. 일반적으로 글쓰기 입문자들에게 독자를 고려해야 한다는 것을 강조한다. 읽는 대상에 맞게 글의 주제와 표현 등을 결정하는 것은 쓰기의 기본기이다. 하지만 이 강의에서 진행하는 글쓰기의 가장 중요한 독자는 그 누구도 아닌 바로 나 자신이다. 때문에 '나를 위한 글쓰기'를 해야 한다.

자신의 경험을 기록하면서 현재의 상태를 확인하는 방식이 어떤 의미가 있는지에 대한 설명도 자연스럽게 뒤따르게 되었다. '내'가 먼저 주체화되면 그 이후 나를 둘러싼 '세계'의 관계들이 설명될 수 있다고, 그렇기 때문에 내가 제대로 중심을 잡으면 자연스럽게 주변의 많은 일이 해결되리라는 것을 설명했다. 자신에게 집중하는 시간을 갖는 것이 결코 이기적이거나 개인적인 것이 아니라는 것이 설득되자 그다음 과정부터는 수월하게 진행되었다. 그때부터 나의 역할은 진행자에서 완

벽하게 보조자로 변화하였다. 일단 글을 쓰는 판을 벌인 이후라, 한 분 한 분에게 다가가 짧은 문장이라도 끝까지 글을 완성할 수 있도록 격려하였다.

'쓰기'라는 행위 자체에 대한 거부감이 아예 없었던 것은 아니다. 자신의 이야기를 꺼내는 것에 대한 불편함이 쉽게 극복이 된 것과는 달리, 글을 쓴다는 것 자체를 여전히 어렵게 생각하는 분들이 계셨다. 이런 경우를 위해 준비한 것이 바로 '시'이다. 시를 통해 감정이나 사유를 적고 다듬는 방식을 예로 보여줄 수도 있고, 마음을 털어놓는 방법을 접하게 할 수도 있다. 무엇보다 위안과 공감을 경험하면서 경계를 풀게 된 참여자들을 조금 더 열린 공간으로 유도할 수 있다. 물론 문학이 가지고 있는 치유의 효과는 이 외에도 많다. 상황에 따라 문학 치료의 방법도 다양하게 사용되곤 하는데, 이번 프로그램은 워낙 짧은 과정이었기에 문학 작품은 어디까지나 자신에게 쉽게 접근하기 위한 일종의 초인종 역할로만 제한했다.3)

자신의 마음에 따라 같은 단어도 다르게 정의될 수 있고, 내 마음을 적은 글이 문학적으로 승화될 수 있다는 것을 인용한 시를 통해 확인해나갔다. 이 단계를 거치면서 누구나 자신만의 사전을 만들 수 있다는 것, 자신도 글을 쓸 수 있는 상태라는 것을 깨닫게 된다. 글을 쓴다는 것은 결국 나를 기록하는 과정이고, 감정이 계속되는 한 글도 연속성을 갖는다. 글을 쓰면서 과거의 '나'와 현재의 '내'가 만나고, 현재의 '나'를 통해 미래의 '나'를 그려볼 수 있다. 그 때문에 나를 위해 글쓰기를 시작한 그 순간부터 이미 치유는 시작되고 있다.

---

3) 글쓰기 치료와 문학 치료는 궁극적인 목표가 같긴 하지만 치유의 과정이나 접근 방식이 다르다.

3. 나만의 사전 만들기

이 강의는 기본적으로 개인의 잠재적 심리나 현재의 내적 상태를 스스로가 진단할 수 있도록 도와주는 과정으로 구성되었다. 앞서 언급했듯이 자신의 이야기를 꺼낸다는 것은 쉬운 일이 아니고, 그럴 기회도 많지 않아 시작 그 자체만으로도 매우 의미가 깊다. 그런데 막상 자신의 이야기를 꺼낼 수 있는 자리가 마련되었다 할지라도, 이때 표현하는 것이 전부 진실은 아니라는 것을 인지해야 한다. 사람들은 자신의 삶에서 중요하다고 생각하는 부분을 곧잘 왜곡하거나 과장하기도 한다. 자기가 선호하는 이야기를 지나치게 강조하거나, 지우고 싶은 기억을 생략하기 때문이다. 일상에서 대화할 때 많은 사람이 진실이 무엇인지를 밝히기 위해 집중하는 이유도 여기에 있을 것이다.

그러나 인문 치유가 목적이라면 진위를 밝히는 데 애쓸 이유가 없다. 그런 노력 자체가 이 과정에서는 필요하지 않다. 무엇보다 스스로의 이야기를 기억하고, 재구성하고, 표현하는 그 과정 자체가 중요하다. 실제 있었던 사건에 여러 요소를 덧입혀 또 다른 스토리로 재탄생시켰다면 그 자체가 바로 현재의 상태인 것이다. 사실 이야기라는 것의 속성이 태생적으로 그러하다. 단순한 사실 기록에서 그치는 것이 아니라 여러 가지 이유에 의해 끊임없이 변형된다.

특히 치유를 목적으로 하는 글이라면 진실의 경계를 명확하게 나누고 재단하는 것보다는 그사이, 벌어진 틈마다 생략된 감정들에 초점을 맞추어야 한다. 누락되거나 첨가된 부분, 혹은 변형된 것이 무엇인지를 밝히는 데 목적을 두는 것이 아니라, 그런 상황이 발생하게 된 이유가 자기 내면의 어떤 점 때문인지를 찾아가야 한다. 숨겨진 욕망이 무엇이기에 글의 변형을 시도하게 되었는지, 이런 행위가 암시하는 또 다른 숨은 이야기는 무엇인지 등을 본인 스스로가 찾아낼 수 있도록 도와주어야 한다.

회복을 꿈꾸는 자들의 고백록

완성된 글을 통해 자신의 '트라우마'가 무엇이고 그것이 어떤 형태로 글 속에 재현되고 있는지를 꼼꼼하게 분석해내야만 하는데, 이를 위해서는 글을 쓰기 전 개인에게 잠재되었던 내적 심리 상태에 충분히 집중할 수 있도록 해야 한다. 이를 위한 사전 작업으로 많이 활용하는 방법이 바로 '나만의 사전 만들기'이다. 이는 오랜 글쓰기 수업을 통해 필자가 착안해낸 교안(敎案)으로 몇 가지 단어를 통해 짧은 시간 안에 자신에게 집중할 수 있도록 도와주는 데 매우 효과적이다. 짧은 글이지만 자신이 창작자가 될 수 있다는 점 이외에 사전이라는 특성상 의미화가 명확하게 정리된다는 장점이 있다. 자기와 끝없이 대화하면서 스스로의 상태가 변화하면 정의한 단어의 의미도 달라진다. 기록으로 남긴 나만의 사전을 찾아보는 일만으로도 자신의 변화 과정을 한눈에 살펴볼 수 있다.

생각은 말이 되고 말은 다시 글이 될 수 있다. 그 때문에 글쓰기는 '나' 그 자체의 다른 말이다. 힘들고 어려운 시간을 지났거나 내적으로 큰 혼란을 겪은 상태라면 글로 쓴 기록들은 자신을 파악하는 데 매우 중요한 역할을 할 수 있다. 그 때문에 변해가는 자신의 모습을 정리하여 기록하는 일은 지속해서 이루어져야 한다. 이렇게 자신만의 스토리텔링을 계속 만들어 내는 과정을 거치면서 내가 누구이고 현재의 나는 어떤 상태에 처해있는지를 자연스럽게 파악할 수 있게 된다.

이때 자신이 쓴 이야기를 반드시 주변과 공유해야 한다. 쓴 글을 함께 읽어도 좋고, 발화를 통한 방식이어도 무방하다. 자신의 결정이나 결심을 외부에 표현할 때 이를 경청한 이들은 증인이 된다. 일종의 인정의식에 함께 참여한 이들 사이에는 감정의 교류가 생기게 된다. 서로 증인이 되어주면서 다짐을 되새기고 위안을 주고받을 수 있다.

이 과정을 진행하기 위해서는 구성원 간의 신뢰가 형성되어 있어야만 한다. 낯선 이에게 자기의 이야기를 털어놓는 것은 쉬운 일이 아니기 때문이다. 다행히 이 과정에 참여한 분들은 비슷한 경험을 했거나 같은 처지에 놓여있다는 공감대가 있어 스스로를 표현하는 데 큰 경계를 보이지 않았다.

글쓰기에서 그룹 수업의 긍정적 기능과 효과는 이미 입증되었다. 구성원 간의 연대와 유대를 바탕으로 할 때 글쓰기가 가지고 있는 치유 효과를 확장한다는 것이다. 같은 경험을 공유하고 있는 이 구성원들 사이의 공감 능력은 놀라울 따름이었다. 비슷한 환경이나 상황에 처한 참여자들은 어떤 의미에서 외부자인 강사보다 훨씬 더 빠르게 서로의 마음을 파악했다. 경험자들만이 자세히 알 수 있는 내밀한 이야기와 정보들이 공유되었을 때 그 사이에서 발생하는 끈끈한 연대감은 대단했다. 적극적으로 서로의 청중이 되고, 그 이야기를 자신의 삶에 반영하여 또다시 이야기를 토로하는 과정이 자연스럽게 진행되었다. 서로의 조언자 조력자가 되어 다양한 해결방법을 함께 모색해주고, 당장 이룰 수 없는 꿈과 소망에 대한 격려를 아끼지 않았다. 강의실은 짧은 시간 안에 치유의 현장으로 변해갔다.

심리치료에 있어서 말하기와 동시에 경청하기를 매우 강조한다. 타자가 하는 이야기를 열린 마음으로 끝까지 듣고 난 후, 적극적으로 개입하여 함께 대안을 찾아가는 과정까지가 모두 치유의 과정이기 때문이다. 말하는 자임과 동시에 경청하는 자가 되는 과정을 반복적으로 행하면 치유의 효과가 극대화되는데, 강원랜드에서 만난 분들과 함께 진행한 이번 수업에서는 이러한 부분에 관한 설명을 할 필요조차 없었다. 참여자분들은 이미 화자이자 청자였고, 나의 이야기가 곧 우리의 이야기라는 것을 인지하고 있었다. 동료의 슬픔에 진심으로 슬퍼해 주고, 작은 일에도 큰 위로를 나눌 줄 아는 분들이었다. 끈끈한 동료애가 있는 관계에서는 개인의 의지와 결심 그 이상의 힘을 발휘하도록 해준다. 바로 이 지점이 동료상담사 양성과정이 갖는 가장 큰 강점이고, 앞으로도 지속해서 치유 효과가 유지될 수 있는 원동력이 될 것이다.

4. 부치지 못한 편지

자존감을 회복하기 위해서는 누군가의 끊임없는 인정과 칭찬이 필요하다. 물론 스스로의 인정이 가장 중요하지만, 그 단계까지 가기 위해서는 주변의 격려와 위로가 큰 힘이 될 수 있다. 그러나 많은 사람이 이런 방식의 발화에 매우 서툴다. 그러다 보니 일상에서 칭찬을 듣기란 쉽지 않다. 더구나 인생에 굴곡을 겪으면서 주변으로 밀려난 사람들의 경우 더 그러하다. 세상이 만들어 놓은 여러 기준에서 삶이 빗겨나기 시작하면 인정과 관심을 받기가 무척 어렵게 된다. 이러한 이유로 나 스스로를 자랑하고 서로를 칭찬하는 시간을 마련하였다.

참여자들 모두 이 수업 방식에 상당한 흥미를 보였다. 자랑이라는 단어에 익숙하지 않은 탓인지 처음에는 조금 머뭇거리며 조심스럽게 하나씩 장점을 꺼내 놓았는데, 주변에서 칭찬이 쏟아지자 점점 용기를 내는 모습을 보였다. 소소한 장점이더라도 그것이 갖추어지기까지 자신의 시간이 투자되었을 것이다. 내가 겪은 삶의 경험들이 축적되었을 때 비로소 알 수 있기에, 그 장점들은 오직 나만의 것이 될 수 있다. 그 때문에 이러한 독창성은 곧 나의 존재 이유와 연결된다. 이것을 인정받았을 때 오는 자존감의 상승은 치유의 방법 중에서도 탁월하다.

나를 칭찬하고 자랑하는 시간은 어느새 어려웠던 순간의 고백으로 이어졌고, 그것을 이겨내고자 애쓰고 있는 현재의 나를 자랑하는 것으로 다시 확장되었다. 스스로를 아끼고 사랑하는 법을 발견할 수 있도록 하는 시도였는데, 참여자분들은 이미 그다음의 상태로 진화해 나갔다. 현재의 나를 자랑하는 순간은 자연스럽게 서로서로 칭찬하는 과정으로 넘어갔고, 서로의 존재를 인정해주면서 힘을 보태는 것을 목도할 수 있었다. 그리고 어떠한 설명도 없었음에도, 누군가 자신의 이야기를 꺼내자마자 어느새 서로 상담사 역할을 하고 있었다. 이 상태야말로 인문 치유 팀이 가고자 했던 궁극적 목표였는데 너무도 빠르게 그리고 자율적으로 이루어진 것이다.

상담자가 내담자에게 지나치게 감정에 몰입하면 안 된다는 것은 기본 중의 기본이다. 대상자들의 상태가 전도되면 제대로 된 분석이 될 수 없기 때문에 객관적 거리를 유지하는 것이 필요하다. 그러나 이미 이 수업은 살아 움직이고 있었고, 어느 순간 나 역시 그냥 하나의 참여자 그 이상일 필요가 없었다. 이야기를 들으면서 몇 번이나 울컥하는 순간이 있었는데 이를 통해 나 역시 마음속에서 휘몰아치던 감정들을 정리해나갈 수 있었다는 것을 고백하고 싶다.

묻어두었던 기억들을 꺼낼 때 코끝 찡한 감정들 때문에 잠깐 머뭇거리는 경우도 있었지만, 더듬더듬하더라도 끝까지 말을 이어나가는 시간이 이어졌다. 말을 마치고 후련해져 기분이 한결 좋아졌다는 말을 들을 때는 감동적이기까지 했다. 서로가 서로에게 아낌없이 박수를 쳐주고 격려와 칭찬을 아끼지 않고 있었다.

참여자들은 수업 이후에도 계속해서 모임을 이어가고 있는데, 몇 개월 후 만난 자리에서 하나같이 모임에 대한 만족감을 적극적으로 표현했다. 강의가 끝난 후에도 만남을 지속하면서 서로에게 의지가 되고 있다고, 마치 또 하나의 가족이 생긴 것 같다고 했다. 삶의 이야기가 공유되면서 같은 곳을 바라보며 함께 걸어가게 된 것이다.

힘든 과정을 이겨낸 사람만이 가질 수 있는 평온하고 맑은 얼굴, 작은 것에도 감사하고 큰 기쁨을 느낄 줄 아는 마음, 주위 사람의 소소한 말들에 귀를 기울이며 마음을 읽어주고 공감해 줄 수 있는 사람. 서로가 서로에게 의지하고 힘을 주면서 더불어 살아가는 것을 배운 참여자분들은 놀라울 정도의 의지와 확신을 보여주었다.

이렇게 말로 한 이야기를 바탕으로 하여 스스로에게 혹은 누군가에게 편지를 쓰는 과제를 제시했다. 이는 표현하지 못했던 자신에 대해,

그리고 침묵했거나 금지했던 것들에 대해 고백하는 글쓰기다. 결심을 다시 새기고 다짐하며, 무엇보다 스스로가 스스로를 믿고 힘을 주는 과정이다.

편지라는 형태의 글쓰기가 갖는 장점은 많다. 일단 글쓰기 초보자에게 접근하기 쉽다는 특징이 있다. 이때 편지를 실제로 부치지 않더라도 자신의 삶에 대해 묵은 감정을 털어냄으로써 느낄 수 있는 자기 만족감이 생길 수 있다. 수신인이 있는 편지라는 글이 가지고 있는 특성상 관계를 재형성할 수도 있다. 보내는 행위가 생략되더라도 받는 이를 호명하는 순간 이미 혼자가 아니라는 것을 확인할 좋은 기회가 될 수도 있다.

꼭 편지가 아니더라도 자기의 이야기를 에세이 형식으로 편하게 써 보는 방법을 권유하기도 했다. 혼자만의 시간이 되었을 때 어떻게든 자기 이야기를 한 번 더 정리하는 '쓰기'의 시간을 가졌으면 하는 바람이었다.

얼마 후 참여자분들이 보내온 글을 보고 다시 한번 감동을 하지 않을 수 없었다. 고단한 일상에도 불구하고 정성스럽게 적은 글들이었다. 조금은 서툴러도 솔직한 자기 고백들이 들어있었다. 단순히 과제를 해야겠다는 의무감이 아니라 쓰는 기쁨을 알게 된 사람들의 글쓰기였다. 이 작품들을 시작으로 앞으로도 이들의 '쓰기'는 계속될 것이다. 그리고 이때, 이 귀한 글들을 반드시 기록으로 남겨야겠다는 생각을 굳히게 되었다. 이것이 바로 이 책이 탄생하게 된 출발이었다. 이제 드디어, 이분들의 편지가 세상을 향해 부쳐지게 되었다.

5. 함께 걷는 길

주체를 회복하고 삶의 중심에 나를 놓아보는 연습을 하는 것은 '나를 위한 글쓰기'의 기본 과정이다. 그 이후 나를 둘러싼 세계로 조금씩 시선을 확장해나가면 된다. 이때 글쓰기는 지나가는 감정의 상태들을 기록하여 매 순간에 영원을 부여하는 기능을 한다. 따라서 이 강의에서 진행된 '쓰다'라는 의미는 단순히 의사소통 수단이 아니라, 보다 중요한 자기 탐색 과정과 직결된다. 이것이 바로 '쓰기'가 가진 치유의 힘이기도 하다. 극심한 중독에서 벗어나 회복의 길로 들어선 참여자들에게 위안이 되는 수업이었다는 것에 감사한 마음이다. 앞으로도 이들의 '쓰기'는 계속될 것이며, '함께 쓰는' 과정에서 치유의 효과도 자연스럽게 이어져가길 기대한다.

강의를 준비하며 가졌던 두려움과 불안함과는 다르게 기대 이상의 성과를 내며 무사히 수업을 진행할 수 있었던 것은 다른 인문 치유 과목의 도움이 있었기 때문이란 사실을 이쯤에서 다시 한번 언급하고 싶다. 인문학 팀은 이번 과정을 준비하면서 여러 번의 사전 회의를 통해 커리큘럼을 공유하고 수업 목표를 통일하는 데 힘썼다. 다년간 다져진 팀워크가 빛을 발하는 순간들이었다. 먼저 철학수업에서 충분한 대화를 통해 서로 마음을 공유하고 자신의 이야기를 터놓을 수 있는 준비를 충분히 해주었다. 덕분에 미술과 문학 글쓰기 시간에 바로 실전으로 들어갈 수 있었다. 표현의 측면에 관해서는 미술 수업과의 연계한 부분이 주요했다고 본다. 문학 시간에 글로 표현한 것을 미술 시간에 이미지로 다시 표현해본다거나, 미술 시간에 그림으로 그렸던 것을 문학 시간에 다시 말과 글로 정리해나가면서 자신의 감정과 상태에 대한 확신이 생기는 것을 확인하였다.

물론 이 모든 것을 인문학 수업의 효과라고만 말할 수는 없다. 서강대학교 생명문화연구소에서 진행한 프로그램은 촘촘하고 치밀하여 기본 이론 수업부터 실제 상담 기법까지 다양하게 다루었고, 인문 치유 과정에는 영성도 포함되어 있었다. 그러나 인문학 팀의 '자기 성찰과 고백'이라는 과정에서 추구하는 바가 참여자들에게 명확하게 전달되었던 것만은 분명하다. 참여자분들이 전해주신 감사의 인사는 이 과정을 지속해야 한다는 필요성을 확보하게 해주는 데 큰 힘이 되었다. 세 번에 걸쳐 진행된 이번 프로그램을 바탕으로 하여 '쓰기'의 힘이 지속해서 발휘되었으면 하는 마음이다. '함께 쓰는' 그 놀라운 과정에서 쓰임이 있다면 언제든 달려갈 준비가 되어 있다.

나의 과거가 이야기를 통해 현재에 전달되고, 여기에 다른 이들의 이야기가 겹쳐 다시 미래의 우리로 이어진다는 것은 놀라운 일이다. 이런 과정을 통해 탄생한 작품들은 참여자분들에게도 중요한 기록이 될 것이라 믿는다. 완성된 결과물을 통해 눈으로 향상된 자존감을 확인하고 자연스럽게 자부심을 느끼게 될 수 있을 것이다. 이러한 감정들로 문득, 외로움과 두려움이 찾아오는 날을 이겨냈으면 한다. 글로 쓰인 기록, 그림으로 남겨진 기억을 통해 혼자가 아님을 환기할 수 있었으면 하는 바람이다. 그렇게 된다면 여기에 담긴 이야기는 영구적인 의미를 지니게 될 것이다.

아직은 작은 결과물이지만, 더 큰 성과를 위해서 애쓰신 서강대 생명문화연구소 팀과 강원랜드에 계신 김용근 선생님의 노고에 박수를 보내며, 앞으로 함께 가야 할 길에 더 힘을 내보자고 말하고 싶다.

비록 삶의 하루하루는 여전히 고단할 수도 있고, 때로는 또 다른 좌절이 찾아올 수도 있겠지만 항상 서로를 응원하고 힘이 되어주려 하는 참여자분들께 고마운 마음이다. 때론 비틀거리더라도 함께 걷는 길이라면 계속 힘을 내서 잘 헤쳐 나갈 수 있으리라 믿는다.

마지막으로 중독의 경험이 있는 분들에게도 위로가 될 수 있는 기록이길 바라는 마음이다. 책을 허락해주시고 조력해주신 모든 분께 다시 한번 감사를 전한다.

✦ Chapter 4 ✦

❦

2019년 KLACC Workshop에서

우리들의 이야기, 다시 *Part. 1*

요즘 우리는
- 2018 동료상담사 양성과정 1기들과 함께[*]

요즘 어떠세요? 어떻게 지내고들 계시나요? 요즘 선생님들이 어떤 마음으로 살고 계시는지 무척 궁금합니다. 교육이 끝나고 오랜만에 뵈었는데, 그 후로 감정의 변화가 있는지 이야기들을 해주셨으면 좋겠습니다. 나를 지배하고 있는 주된 감정은 어떤 건가요?

> 동료상담사 양성과정에서 교육을 받고 나서 제일 달라진 것은 자신감이 생기고 두려움이 없어졌다는 것입니다. 영구정지를 신청했으나 그때도 사실 두려웠거든요. '아, 내가 진짜 안 할 수 있을까?' 하는 그 마음. 벗어났다가도 다시 생기고 없어졌다가도 다시 나타나는 바로 그 두려움이었습니다. 이제 그 두려움이 없어지고 자신감이 생겼습니다. 아, 진짜 큰 고민 하나 벗은 거죠.

선생님의 핵심 감정은 두려움이었는데 교육과정이 그 감정에서 벗어나는 데 큰 도움이 되었군요. 내가 나를 통제할 수 있을까 하는 두려움 때문에 많이 힘드셨는데 이제는 거기서 빠져나왔고, 설사 다시 빠져들게 되더라도 언제든지 빠져나올 수 있다는 자신감이 생기셨다는 거군요. 이제 정말 큰 짐 하나 내려놓으셨네요. 예전과는 정말 큰 차이가 생기신 겁니다.

_* 이 글은 2018년 제1차 동료상담사 양성과정을 수료한 사람들과 그 이후에도 지속적 모임을 하는 참여자를 대상으로 한 워크숍 토론 내용을 정리한 것이다. '현재의 감정 상태'와 '새로운 욕망' 등을 주제로 자유로운 토론 형식으로 진행되었고, 참여자들은 사전 개인 인터뷰와 설문지를 통해 의견을 정리하여 전달해 주기도 하였다. 참여자의 실명을 밝히지 아니하기 때문에 대화의 내용과 분위기는 최대한 살렸지만, 일부 공개를 원치 않는 내용은 제외하였다. 같은 이유로, 대화의 내용을 나누긴 하였으나 참여자의 이름 구분을 따로 하지 않는 방식을 택하였다. (진행 : 상종열, 편집 : 이효선)

자신감을 가지게 해준 가장 큰 원인은 교육과정에서 들었던 말입니다. "나만 모자란 것이 아니라 중독자들은 그러한 형태를 띠고 비슷한 모습으로 살아간다. 그것도 내 모습이다. 관계없다. 괜찮다. 다만 이제는 내가 '이성의 말굽을 잡고 중독에서 벗어나야겠다'라는 마음을 가지면 되는 것이다." 하는 그 말에 큰 용기를 얻었습니다. 지금의 나의 모습이 내가 특별히 이상한 것이 아니라 일반적인 모습이라는 것. 그렇기 때문에 내가 마음만 굳게 먹으면 반드시 벗어날 수 있다는 것. 바로 그 자신감이 다시 중독으로 돌아가면 어떻게 하나 하는 두려움을 벗어날 수 있게 해주었습니다.

수업시간에 제가 했던 이야기인데…… 기억해주고 계시네요. 다들 기억나시죠? 꼭 기억하셔야 합니다. 자, 다른 분들은 또 어떠세요? 어떤 감정의 지배를 받고 계시나요?

저는 교육받을 당시는 사실 잘 몰랐습니다. 그런데 그 후로 월 1, 2회 지속적 모임에 지속해서 나가고 있습니다. 그런데 모임을 나가면 마치 헤어진 가족을 다시 만나는 느낌, 꼭 이산가족 상봉한 느낌이 드는 겁니다. 만날 때는 흐뭇하고 집에 돌아가서 생각하면 '아, 내 주변에도 이런 사람들이 있구나! 나는 이제 혼자가 아니구나!' 하는 감정입니다. 이런 모임을 만들어주신 파트장님께 너무 고마운 마음이 듭니다. 먹고살려고 일을 다니고 있지만 모임이 생기면 꼭 참석하려고 노력하는 편입니다. 처음에는 일이 있으면 교육과정에도 빠지고 그랬어요. 그런데 지금은 '이 모임에는 꼭 참석해야겠다!' 하는 마음으로 바뀐 거지요. 나한테는 도움이 많이 되는 사람들이다. 이런 맛으로 사는구나. 지금 내 가족이 멀리 있지만 지금 외롭지 않은 이유가 바로 이분들 덕분입니다.

이 모임을 통해 외로움이라는 감정에서 벗어날 수 있게 되셨다는 말씀이시군요.

일 끝나고 집에 들어가면 할 일이 아무것도 없었어요. 아무도 얘기할 사람이 없어 천장 보고 혼자 누워 말하고 그랬죠. TV나 크게 틀어놓고요. 그런데 요즘은 다시 가족을 만난 느낌입니다. 옆에 계신 분과는 거의 매일 통화를 하면서 하루의 일과를 나눕니다. 삶의 의욕이 생겼어요. 내 주변에 나를 보호해줄 사람이 있다는 것은 참 고마운 일입니다. 동료들에게 하루하루 감사하며 살고 있습니다. 고맙습니다. 다들 정말 감사합니다.

저희도 고맙습니다.
고마우시면 한턱내세요~ (웃음)

요즘 이렇게 살고 계셨군요. 좋네요. 자 이번에는 욕망에 관한 이야기를 좀 나누어 볼까요? 사람은 언제나 욕망에 시달립니다. 거기에 쉽게 빠지지요. 요즘은 어떤 욕망이 있으신가요? 크게 두 가지 욕망; 그러니까 다시 도박하고 싶다는 욕망, 뭐 자연스럽고 그럴 수 있습니다. 그것 외에 현재 무언가를 하고 싶다거나 하는 무언가에 대한 새로운 욕망이 혹시 생기신 분 계신가요?

저 같은 경우 없어요. 도박에 대한 욕망 말이에요. 욕망은 늘 불씨로 남아 있다고 하던데 정말 도박에 대한 욕망이 하나도 남아 있지 않습니다. 저는 남편 때문에 시작하게 된 도박인데 이제는 드디어 유혹의 손길을 물리쳤다고 말할 수 있습니다. 제가 동료상담사 양성과정을 열심히 나오고 나서 남편한테도 많은 이야기를 해줄 수 있게 되었습니다. 남편도 은연중에 제 말을 받아들이고 있었나 봐요. 남편 주변에는 아직도 도박에서 헤어 나오지 못하는 사람이 많습니다. 우리 남편도 팔랑귀다 보니 자꾸 흔들리고 유혹에 잘 넘어가던 사람이었는데, 요즘은 스스로 물리치는 모습을 보여줍니다.

도박에 빠진 사람들을 보면서 과거의 자기를 볼 수 있게 되었다고 말하더라고요. 남편은 이런 교육과정을 받은 적이 없는데, 제 말이 도움이 되었다고 하더라고요. 그래서 제가 이 과정을 같이 해보지 않겠냐고 권유했는데 그건 또 싫다고 안 하겠다고 하더라고요. 그래서 남성분들이 만든 모임을 소개해줬습니다. 제가 여성 모임 '단비'에 나가는 것처럼 남편은 '한 울타리' 요새 그 모임에 나갑니다. 일단 발을 들이니까 또 열심히 나가더라고요. 여전히 도박에 빠진 사람들이 주변에서 말을 많이 하나 봐요. 이제는 스스로 유혹의 손길을 거부할 수 있게 되었다고는 하지만, 혹시나 다시 빠지게 될까 봐 맘이 좋지 않지만, 참고 끝까지 그 사람 얘기를 들어줍니다. 그러다 보니 이제 진짜 그 사람도 많이 좋아졌습니다.

서로가 상담자이자 내담자의 관계를 맺고 있는 상태네요. 함께 이겨나가시고 계신다니 좋습니다.

저는 진짜 누굴 주변에 두느냐, 그리고 흔들릴 때 그 주변에서 하는 말을 잘 들어야 한다는 것을 경험했습니다. 이 과정에 참여하길 진짜 잘했다는 생각을 합니다. 카지노 끊고 도박에서 손 떼고 이렇게 몇 년만 열심히 살면 빚도 갚을 수 있지 않겠냐고, 이제 열심히 살자고 매일 말합니다.

저는 도박중독이 되었을 때도 단도박을 해야 하는 상황이 왔을 때도 사실 별생각이 없었습니다. 뭐가 뭔지 몰랐다고 말하는 게 더 맞겠네요. 가족이 저 때문에 얼마나 고통받고 있는지에 대한 감도 별로 없었고요. 출입정지가 되었을 때도 속으로는 세상에 도박이 얼마나 많은데 카지노 안 간다고 뭐 못 살겠어 하는 마음도 있었습니다. 그런데 이 모임에 나오게 되고 이런저런 봉사 활동도 하면서 차츰 생각의 변화가 생기기 시작했어요. 아 주변에서 미처 힘들다는 표현을 다 하지 못했지만 '얼마나 고통스러웠을까……' 내가 정말 가족을 힘들게 하는 사람이었다는 것을 이제 알게 된 거죠. 지속해서 모임을 하다 보니 도박의 위험성을 다시금 상기하게 되어서 좋습니다.

이 모임을 처음 나오셨을 때는 가벼운 마음으로 나오신 건데, 막상 들어와서 활동하다 보니 내가 빠져 있던 상황이 얼마나 심각했는지 내 처지가 비로소 보이게 되었다는 것이지요?

봉사 활동을 가고 모임을 가면 이런저런 중독자의 이야기를 많이 듣게 됩니다. 지금 현재 도박에 빠진 사람들을 보니까 주위가 너무 아프겠고, 너무 힘들겠더라고요. 고통스러워하는 다른 중독자의 이야기를 접하면서 새삼 도박이 얼마나 무서운 것인지 알겠더라고요. '아 저 사람 참 바보 같다. 저 사람 주변은 참 괴로웠겠구나!' 싶은데, 바로 그 모습이 예전의 내 모습이었단 걸 깨닫게 된 거죠. 개인적 피해는 어느 정도 알았지만, 주변에서 느끼고 있을 가족의 고통은 솔직히 잘 몰랐습니다. 과거의 나를 다시금 반성하게 되었습니다. 모임에 나올 때마다 '단도박 하기를 잘했구나!' 하는 생각을 하게 됩니다.

교육 활동이나 봉사 활동을 통해 단도박의 의지를 강하게 지니게 되셨다는 말씀이시네요. 그런데 아까 말씀하실 때 도박을 다시 할 수도 있다고 그리셨던 것으로 기억하는데……

깊은 내면에 아직 남아 있겠죠. 단도박을 시작할 때 20% 정도의 의지였다면, 모임을 하면서 50% 80% 점점 그 마음이 커지고 있겠죠. 그렇지만 100%라고 말할 수가 있겠어요? 아직 내 마음속에 도박에 대한 마음이 몇 프로 남아 있다고 말하는 게 솔직한 거죠. 100% 단도박 했다고 말하기는 힘든 거예요.

잠시 쉬는 시간에 참여자분들께서 하시는 말씀을 들었는데, 누가 500만 원을 그냥 준다고 하면 우리는 할까 안 할까 하는 거였는데, 그게 생각이 나서요. 어떠실 거 같으세요?

참여자: 저는 할 것 같아요. 솔직히 그렇다니까요. 우연히 그런 상황이 되어서 저에게 누가 500만 원을 줄 테니 하라고 해요. 그럼 하고 싶다니까요. 따면 반반 갖자 그럼 안 해요. 그런데 '그 돈 다 써도 아무런 문제가 없다.' 그럼 다시 하고 있을지도 몰라요. 그게 솔직한 심정이에요.

저도 그런 생각을 가끔 해요. 물론 안 해요, 지금 안 하죠. 그런데 그런 상황이 생겼을 때 100%로 안 할 거라 아직 장담을 못하겠어요. 요즘 친구들이 자꾸 놀러 가자고 해요. 얼마 전에도 베트남 한번 같이 가자 그러는 거예요. 대답을 안 했어요. 집에 와서도 곰곰이 생각해보니 비행기 값이다 회비다 여행 경비가 만만치 않더라고요. 그럼 그 돈으로 카지노를 가면 더 재미있지 않을까 하는 생각이 드는 거죠. 근데 한번 다시 시작하면, 빠져서 못 나오면 어떻게 해요. 그렇게 손대기 시작하면 다시 중독에 빠지게 되는 거죠? 그렇죠? 저 궁금해요. 알려주세요.

일단 내가 어떤 상황에 있는지, 내가 그 순간의 나를 발견하면 달라질 수 있습니다. 그게 자신이 그 상황을 의식하기 시작했다는 것이거든요. 그럼 이제 빠져나올 수 있어요. 길을 가다 구덩이에 빠졌어요. 몰랐던 거죠. 거기 구덩이가 있을 줄 알고 그 길로 가서 일부러 빠지는 경우는 거의 없잖아요. 우여곡절 끝에 빠져나왔어요. 그런데 그 길로 또 갑니다. 구멍이 있는 줄도 알고 빠져나왔던 경험이 있으니까 무섭지 않은 거죠. 아니까 안 빠질 수 있다, 빠져도 나올 수 있다 하는 마음에서요. 그런데 대부분 어떻게 돼요? 못 나오죠. 그 구덩이가 더 깊어졌거든요. 이 과정이 계속 반복되면서 더 깊이 수렁에 빠지고 말죠.
지금 여러분들은 소위 바닥을 치고 다시 의지로 여기까지 오신 분들입니다. 다시 한번 더 거기에 빠지면 안 되는 상황에 놓여있기 때문에, 충동을 이겨내고 의지로 조심조심 돌아가고 계시는 중인 거죠. 더 안전해지려면 아예 그 길로 가지 않으셔야 해요.

얼마 전에 우연히 친구들을 만나 100원짜리 고스톱을 치게 되었어요. 재미 삼아 치는 작은 판이었는데 조금씩 조금씩 잃다 보니까 어느새 3만 원 4만 원이 넘어가는 거죠. 어느 순간 확 열이 받는 거예요. 앉아서 본격적으로 한참을 치다가 내가 쓰리고를 하게 됐는데 갑자기 손이 벌벌 떨리는 거예요. 돈을 받고 패를 다시 섞는데 계속 죄지은 사람처럼 손이 벌벌 떨리고 꼭 도둑질하다 들킨 것 같이 죄책감이 막 밀려오는 거예요. 친구들이 여기서도 이러는데 도박은 어떻게 끊었냐고 하는데 부끄럽고 막 이상하더라고요. 가슴이 무거워서 도저히 안 되겠더라고요. 그래서 '나 이제 부르지 마' 했어요. 나 이제 남의 돈 따먹는 것도 싫고 내 돈 잃는 건 더 싫어하고 그 길로 나왔어요. 그리고 친구들이 또 놀러 나오라고 하는데, 안 가요 거기. 잠이나 자자 이러면서 집에 누워만 있었더니 자꾸 살이 찌네요.

저도 비슷한 경험이 있는데 전 안 했어요. 진짜로 하나 안 하나 시험하게 된 계기였죠. 작년에 환갑이어서 여행을 가게 되었는데 카지노를 가게 된 거죠. 옆 사람이 돈이 조금 모이면 저한테 칩을 하나씩 주더라고요. 너도 이거 가지고 뭐 하라고. 예전 같으면 받으면 바로 했을 거예요. 그거 아깝다고 됐다 뭐 하냐고. 그런데 받아 들고만 있었어요. 한번 모아보자. 안 쓰면 얼마나 되나 하는 생각에서요. 머신 중독이었던 난데 4박 5일 동안 기계 앞에 있으면서 하나 안 하나 나를 시험해보고 싶었던 거죠. 30년 동안 카지노를 출입하면서 파친코부터 안 해본 것이 없는 나예요.
4박 5일 동안 500원짜리 1,000원짜리 칩을 하나씩 모았더니 손에 15,000원이 있더라고요. 큰돈 아니에요. 쓰면 그만일 수도 있는 돈인데 하고 싶은 마음이 아예 생기지 않았어요. 아, 내가 중심만 가지고 살면 누가 뭐라고 하든 상관없이 신경 쓰지 않을 수 있다는 것을 확인하는 순간이어서 그 돈이 얼마나 많은 돈인지 모르겠어요. 지금 마음이 얼마나 편한지 모르겠어요.

(박수) 대단하네요. 이제 완전히 다 끊었다는 거네요.
나는 아직 잘 모르겠는데……
왜 시험을 해 자꾸. 참~

동료상담사 양성과정을 통해 마음을 굳히고 더 이상 살길이 없다 여기서 무너지면 안 된다 하고 얼마나 단단히 마음을 먹었는지 몰라요. 작년부터 허리가 아프기 시작하더라고요. 더 나이 들고 심해지면 일도 제대로 못 할 텐데 더 독하게 맘먹고 아예 하지 말고 매일 열심히 살자 했는데 진짜 어느 순간 도박 자체가 안 하고 싶어진 거죠. 제가 단도박을 시작한 게 2016년인데 지금까지도 단도박 한 것을 한 번도 후회한 적이 없고 앞으로도… 글쎄요, 살면서 또 무슨 일이 어떻게 생길지 모르겠지만 절대 흔들리지 않을 거예요.

도박에 관한 얘기 말고 현재 무언가를 새롭게 도전하고 싶은 일이 생긴 분들은 혹 안 계시나요?

저는 요새 여행을 너무 가고 싶어요. 여기저기 가고 싶은 곳이 참 많은데 현실은 아직 그렇지가 못하니까요. 여행을 가려면 경제적 여력이 뒷받침되어야 하잖아요. 그래서 아직 갈 수 없는 상황인데, 그래서인지 더 막 가고 싶더라고요. 그래서 열심히 돈을 벌고 있습니다.

여행을 가고 싶다는 새로운 목표가 생겨 지금 현재를 또 열심히 살게 되셨군요.

네. 부지런히 모으고 준비 중이에요. 언젠가는 크루즈 여행도 가보고 하면서 여유로운 노후를 즐기고 싶어요. 그 꿈을 위해 지금 현재를 열심히 사는 중입니다.

저는 요리를 좋아합니다. 군대 취사반 출신입니다. 중국 요리에 관심이 많아 짜장과 짬뽕 레시피를 잘하는 집을 찾아가 돈을 주고 배우기도 하였습니다. 닭볶음탕, 냉면, 설렁탕도 할 줄 압니다. 남의 주방에서 무보수로 양파 까는 일까지 하면서 다 배웠어요. 그동안 형편상 불가능했는데 이제는 다시 하고 싶은 마음이 생겼습니다. 요새 우리 협동조합을 통해 무엇을 할 수 있을까 고민을 합니다. 내가 무언가를 개발해서 할 수 있는 일은 없을까 봉사 같은 것도 할 수 있을 것 같은데 하는 생각이 있어요. 그런데 아직 조금 더 충전하여야 합니다.

충전이 덜 되었다고 함은 어떤 뜻인지요? 주변 여력이 아직 따라주지 않는다는 말씀이신가요? 예를 들어 경제적 형편이라거나 하는.

제 마음이 덜 충전되었다는 소리입니다. 하고 싶은 마음이 100% 가득 차야 하는데 아직 부족한 게 많으니까 시작할 마음이 생기지 않는 거죠. 요리 개발도 더 해야 합니다. 이런저런 아이템을 생각해보고 어떻게 하면 좋을까 연구를 많이 합니다. 더 배우고 연구해서 이 일과 관련된 일을 꼭 하려고 계획 중입니다. 가득 충전되면 그때 시작하는 거죠.

저는 요즘 늦은 나이지만 컴퓨터를 배우고 있습니다. 그냥 뭐든 잘하는 사람이 되고 싶어요. 더 이상 실수를 하지 않는 사람, 믿을 수 있는 사람, 정확한 사람이 되어서 다른 사람들에게도 좋은 멘토가 되고 싶습니다. 사실 남들 눈에는 지금 제 모습이 아무 걱정 없이 사는 것처럼 보이지만, 가족들과 만나지 못한 지가 오래되었습니다. 가족과의 단절을 생각하면 지금도 항상 가슴이 아픕니다. 나만 피해자라고 생각했었는데 주변의 도움으로 나를 많이 성찰하게 되었고, 이제는 긍정적으로 많이 바뀌었습니다. 실은 내가 가해자였던 지난날, 피해를 주었던 주위 분들에게 진심으로 사죄하고 싶습니다. 그렇기 때문에 나를 위해서 더 열심히 살 것이고, 이웃을 위해 도움이 되는 사람이 되려고 합니다.

이건 조금 다른 얘기가 될 수가 있는데 저 같은 경우엔 설렘, 그 감정에 관해 얘기를 좀 해볼까 합니다. 어젯밤 오늘 워크숍을 온다고 생각하니 마음이 좋더라고요. 피곤했음에도 불구하고 잠이 잘 오지 않는 겁니다. 마치 어린 시절 소풍 가기 전날 같은 떨림이 오랜만이었습니다. 아침에도 일찍 눈이 떠져서 시간을 기다리고 있는데 설레더라고요. 생각해보면 한 달에 한 번씩 있는 정기모임을 비롯하여 노상 보는 사이인데 뭐가 그리 떨릴까 이상하게 생각할 수도 있을 겁니다.

제가 지난달 모임에서 얘기했던 적이 있는데 단도박에 성공한 내 롤모델이 피폐하게 다시 파괴된 모습을 보고 나서는 더 마음이 그렇습니다. 바보스럽게 원상태로 돌아가 버린 그 친구를 진작에 모임에 데리고 나왔어야 했는데 그러지 않은 것이 너무나 미안했습니다. 혼자서 시간을 보내던 그 친구를 어떻게 해서든지 모임에 같이 나오도록 해야 했는데…… 어찌 보면 아무것도 아닌 모임 같지만, 스트레스도 해소되고 위안이 되는 요소가 분명 있습니다. 서로 사정을 아니까 이야기를 할 수 있고 또 그 이야기를 들어주는 사람이 있고… 자주는 아니더라도 한 달에 1번이든 2번이든 만나는 게 얼마나 중요합니까?

선생님은 이 모임을 통해 설렘과 함께 안도감을 느끼고 계신 거군요.

그렇죠. 이 모임을 만들어주신 분도 고맙고, 빠지지 않고 나오시는 분들도 너무 고맙습니다. 처음에 우리가 15명으로 시작했는데 지금 그중 안 오시는 분들이 있습니다. 못 오는 분들에 대해서는 아쉬움이 아니라 그리움 같은 마음이 생기는 거 같습니다. 오늘은 평소 모임과 다르게 1, 2기가 전부 함께 한자리에 모인다고 해서 더 좋았습니다. 서울에서 먼 길을 와 주신 세 분

선생님들도 너무 반갑고 고맙습니다. 이렇게 같이 모일 기회는 많지 않은데, 이 기회를 통해 서로 얼굴 보고 안부를 묻고 하니 지금 얼마나 좋은지 모르겠습니다.

저와 함께 모임을 하면서 자주 모이시는 분들도 있지만, 오늘 여기서 또 만난 분들도 있습니다. 저분들도 나름대로 생활이 있겠지요. 그렇지만 여기서 이렇게 만난 이상 저는 또 조심스럽고 진지하게, 정도를 벗어나지 않으려고 노력하게 됩니다. 지금은 1, 2기이지만 점차 더 확장될 수 있다고 생각합니다. 요즘 드는 욕망에 관해 물어보셨는데, 저는 이 모임이 점차 더 확장되고 이 모임을 통해 사람들이 서로 힘을 받게 되고 그랬으면 좋겠다는 마음이 요즘 더 강하게 듭니다. 보시면 아시겠지만 여기 오시는 분들은 지금 나날이 얼굴이 맑아지고 밝아지고 있습니다. 그것을 옆에서 확인하는 것이 행복합니다.

제가 기회가 또 있게 되면 자세히 말씀드리겠지만, 지금 말씀하신 것은 자신이 가진 본래의 모습으로 회복한다는 의미입니다. 그게 어려운 말이 아닙니다. 세속의 때가 타면서 두터워진 것이, 이제 그 때가 조금씩 조금씩 벗겨지면서 다시 돌아가는 회복의 과정이지요.

네, 그 본모습이 보이기 시작하니까 얼마나 좋습니까?

말씀하신 선생님의 얼굴이 제일 훤하게 피었는데요.
진짭니다. 어쩜 이렇게 매일 좋아지시는지 모르겠어요.
아, 그러니까 제 본모습 보려고 모임에 나오고 계셨구나. (웃음)

정말 한 명 한 명 너무 좋아졌어요. 삶의 질도 달라졌고요.
저도 볼 때마다 깜짝 놀랄 만큼 다들 얼굴이 피었습니다.

여기 계신 분들은 이미 맛을 알았기 때문에 칩을 보면 하고 싶어지는 마음이 드는 게 어찌 보면 당연합니다. 그런데 아까 자신을 시험했는데 결국 안 했다는 얘기를 들으면서 참 대단하다고 생각했습니다. 저도 누가 공짜 돈을 준다고 하면 할지도 모릅니다. 해서는 안 된다 하고 멈출 수 있는 것은 범인들의 이야기이지 우리는 아니죠. 인자, 중독의 그 인자가 있기 때문에 조심하고 또 조심해야 한다는 건 알죠.

처음 카지노에 왔을 때를 되돌아보세요. 다들 어땠습니까. 너무 오래전이라 기억을 못 할지도 모르겠네요. 저는 그때 카지노가 무서운 줄 아직 몰랐을 때였는데, 테이블 게임을 하고 싶어 몇 판 해보다가 어느 정도 지나고 나니 안 하고 있더라고요. 그게 일반 사람들입니다. 돈 자체가 아깝고 그러면 못합니다. 그런데 게임을 알게 되고 돈 무서운 줄 모르게 되면 그때부터 하지 않기란 어렵습니다. 다들 알다시피 코인이기 때문에 더 자각하지 못하고, 계속하고 있는 자신을 발견하면 그때는 멈추기가 어려워집니다. 이제 처음의 범인으로는 갈 수 없게 되죠. 그런데 이미 게임을 하고 머신을 아는 분이 더 이상 하지 않는다고, 시험을 해봤는데. 그것도 4박 5일 동안 있으면서 공짜 칩이 생겼는데도 손에 쥐고 하지 않았다는 말씀을 하시니…… 정말 박수를 보내드리고 싶습니다. 엄청 대단하신 겁니다. 얘기를 들으면서 또 마음을 다잡게 되는 겁니다.

사실 아까 아예 욕망이 없다는 말을 들었을 때 깜짝 놀랐습니다. 내가 비정상인가 저만 아직 때가 덜 벗겨졌나 계속 마음이 그랬는데. 다들 마음 한편에 저와 비슷한 생각이 있다고 하시니 마음이 놓이네요. 그래서 저분이 엄청 대단한 일을 하신 거구나 하고 생각하니 오히려 마음이 조금 편해졌습니다. '나도 저분처럼 더 의지를 다잡아야겠다!' 이제 그렇게 되네요.

사실 사람이 어느 정도 여유가 생기면 나태해집니다. 심심하기도 하고요. 다들 그렇지요? 사랑을 한번 다시 하고 싶다는 생각도 들고 그렇습니다.

그거야말로 확실한 욕망인데요. 진짜 욕망. 마지막 욕망이 내 사랑 어디에 있나 하는 거라니 대단하신데요.

다 때가 있어야 하고 인연이 있어야 사람을 만나게 되는 거겠죠. 어쨌든 건강해야겠다는 생각을 요즘 많이 합니다. 일을 계속하기 위해서이기도 하지만 나태하고 게을러지지 않으려고, 영적으로도 맑아지고 싶다는 생각에 108배를 시작했습니다. 부모님이 왕년에 하시던 모습이 생각나 익숙했습니다. 종교적인 의미보다는 남는 시간을 건강을 위해 쓰기로 한 게 더 큰 이유입니다. 매일 하다 보니 요즘은 108배를 15분이면 다합니다.

15분 만에 108배를 하시다니 체력이 대단하시네요. 몸과 마음 건강에 정말 좋은 운동을 하시고 계십니다. 그 정도 건강이면 사랑도 충분히 찾으시겠는데요. (웃음) 더 이야기를 나누고 싶지만, 시간이 많지 않네요. 혹시 미래를 계획하고 계신 분이 있다면 마지막으로 그 이야기를 한번 들어보도록 하죠.

거기에 대해서는 제가 한 말씀 드리겠습니다. 미래를 설계하고 싶은 욕망이 강하지만 솔직히 두렵습니다. 원래 저는 한번 마음 먹으면 끝까지 가는 성격입니다. 그런데 요새는 그 마음이 잘 먹히지 않더라고요. 5년만 젊었으면 하는 아쉬움이 들고 그래요. 아이디어가 생겼다가도 시작해도 되나 망설여지고, 용기를 가지고 도전했는데 이제 이 나이에 만약 실패하면 다시 일어설 수 있을까 하는 생각이 안 들 수가 없는 거죠.

현재 삶을 열심히 사시다가 이제 새로운 욕망을 찾아 다른 삶을 설계하고 계신 거군요.

실은 지금 사는 방법으로 할 수 있는 거의 마지막 계단에 와 있어요. 이제 다른 발을 디뎌야 하는 상황이라는 뜻인데, 이런 처지에 놓여있는 나로서는 용기 주는 말 한마디가 절실해요. 오늘 여기서 이야기를 꺼낸 이유도 그거예요. 격려의 말이 필요한 시점이거든요. 용기를 좀 얻으면 계획한 것을 실천할 수 있을 것 같거든요. 물론 나 자신의 결심이 중요하겠지만, 주변 사람들이 힘을 주어서 지금까지 올 수 있었어요.

계획하신 일이 있다면 잘 해내실 수 있을 것입니다. 결정이 어렵지 한번 마음먹은 것은 끝까지 잘 해내신다고 하셨잖아요. 지금까지 잘 해오셨듯이 그렇게 되실 겁니다.

저는 이 동료상담사 양성과정을 통해 함께 지내는 것의 중요성을 다시 한번 알게 되었습니다. 그리고 처지 바꿔 '말을 잘해야겠구나!' 하는 생각도 하게 되었고요. 지금처럼 망설일 때 용기를 주는 사람도 필요하고, 마음이 흔들릴 때마다 잡아주는 사람이 소중하다는 것도 알았고요. 진짜 좋은 말을 자꾸 들으니까 내가 달라져요. 출입정지를 신청하고 7년 동안 도박을 끊었다가 한순간에 실패한 사람의 이야기를 들었어요. 잘하고 있다고 생각했는데 작은 흔들림이 왔을 때 순식간에 무너지더라고요. 주변에 아직도 인터넷 도박이며 이런 데 노출된 사람이 많습니다. 저는 그 사람에게 '그걸 왜 해, 왜 하고 있어?' 하면서도 제 마음속에 그런 마음이 전부 사라졌을까 물어보면 아직도 잘 모르겠습니다.

안정적인 마음으로 지금 잘 살고 계세요. 그러니 너무 스트레스를 받지 마세요. 여기 있는 누구나 다 비슷한 마음일 겁니다. 그러니 두려워 마시고 자신감을 가지세요.

맞습니다. 개인의 결심과 의지만으로는 어렵기 때문에 동료가 필요한 것이지요. 안 해야 하는 것을 충분히 알고 있지만 그게 쉽지 않고, 다시 할 수밖에 없는 상황이 될까 하는 불안감에 시달리게 됩니다. 이런 식으로 서로 관계를 맺고 끊임없이 자신감을 확인하는 게 중요합니다. 관계가 끈끈해지면 두려움을 이겨내고 삶에 대한 계획과 결심을 실천으로 옮기게 되죠. 오늘 여러분이 이 자리에서 말씀해주셨던 것처럼 말입니다. 다른 어떤 교육 프로그램보다 '동료'가 함께하는, 서로 상담자가 되어줄 수 있는 이 모임이 소중한 이유도 그것이라 생각합니다.

앞으로도 서로 의지하고 힘이 되는 관계가 지속하길 바랍니다. 저희는 조만간 또 기회를 만들어 찾아뵙도록 하겠습니다. 오늘 다들 고생 많으셨습니다.

(끝)

1기 워크숍 드로잉

회복을 꿈꾸는 자들의 고백록

앞으로 우리는
- 2018 동료상담사 양성과정 2기들과 함께*

안녕하세요. 미세먼지 자욱한 답답한 일상에서 벗어나 이렇게 푸르른 바다가 내려다보이는 곳에서 오랜만에 다시 마주 앉게 되었네요. 커피 향 가득한 이곳에서 이렇게 둘러앉아 있다는 사실만으로도 너무 반갑고 기쁜 마음입니다. 바쁘실 텐데 다들 시간을 내주셔서 감사합니다. 그간 어떻게 지내셨나요?

> 저희도 신나고 즐겁습니다. 동료상담사 과정 이후 모임을 만들어 자주 얼굴을 보는 분들도 있지만, 개인 사정으로 만나지 못하는 분들까지 오늘 오셨어요. 산으로 둘러싸인 강원랜드의 풍경도 좋지만, 바다를 보니 가슴이 탁 트이는 것 같기도 하고요. 무엇보다 선생님들을 만날 수 있다는 것이 무척 반갑고 좋습니다. 커피도 너무 맛있고요. (일동 웃음)

네, 정말 여러 가지로 참 좋네요. 앞으로도 이렇게 좋은 장소에서 만나는 기회를 자주 만들어봐야겠어요. 동료상담사 양성과정을 진행한 지 벌써 시간이 많이 지났습니다. 오늘 보니 다들 멋지고 예뻐지신 것 같은데, 그동안 도대체 무슨 일이 있으셨던 걸까요? 수료 이후 어떻게 지내셨는지, 생각이나 행동에 어떤 변화가 있었는지 이야기를 좀 들려주세요.

---

* 이 글은 2019년 3월 22일 워크숍에서 2018년 제2차 동료상담사 양성과정을 수료한 이후에도 지속적인 모임을 하는 참여자를 대상으로 진행한 인터뷰와 설문지 내용을 바탕으로 재구성한 것이다. 인터뷰는 자유로운 대화의 형식으로 진행되었으며, 참여자는 질문지를 바탕으로 하여 본인의 생각을 표현하였다. 참여자의 실명을 밝히지 아니하기 때문에, 대화의 내용과 분위기는 최대한 살리되 공개를 원치 않는 내용은 제외하였다. 같은 이유로 대화의 내용을 나누긴 하였으나 참여자의 구분을 따로 하지 않는 방식을 택하였다. (진행, 편집 : 이효선)

무엇보다 내면이 단단해졌음을 느낍니다. 동료상담사 양성과정은 바람 한 점 없던 제 삶에 미풍을 일으켰어요. 마음에 향기가 일어나면서 삶이 좀 더 즐거워졌죠. 여기 이 공간 전체에 커피 향이 은은하게 퍼져있는 것처럼 현재 제 삶 전체에 영향을 미쳤습니다.

바람 이야기를 하시니까 저 역시도 이 얘기를 하지 않을 수 없네요. 솔직히 간혹 내적 외적으로 바람이 불어옵니다. 그래도 흔들리지 않는 뿌리를 굳게 내릴 수 있는 자양분이 축적되었다는 것을 느낍니다.

맞아요. 자존감이 상승했거든요. 나 자신이 얼마나 소중한지 알게 되니 내 삶에 대한 소중함이 더욱 절실해졌습니다. 그러니 도박의 유혹이 찾아와도 흔들리지 않을 수 있는 거고요. 앞으로도 삶을 사랑하는 이 마음을 절대 내려놓지 않으려고 계속 노력할 거예요.

저는 어떤 큰 변화가 있다기보다 그저 오늘을 어떻게 사는 것이 보람 있을까 하고 생각해보게 되었습니다. 매일 오늘의 나 자신을 돌아보고 내일을 생각하며 어떻게 사는 것이 좀 더 보람 있을까를 고민해보는 시간을 갖습니다. 저뿐만이 아니라 여기 계신 많은 분이 그렇게 하고 계시다고 알고 있는데요.

마찬가지입니다. 좀 더 심도 있게 말해보자면, 그런 시간을 통해 나 자신을 정립해야 하는 이유가 무엇인지 확실해졌다고나 할까요. 노력하는 모습이 아름답다고 느껴지니까 더 자신 있게 살게 되더군요. 그럴수록 이렇게 스스로 돌아보는 시간을 가질 것을 게을리하지 말아야겠다고 다짐하게 되고 그렇습니다.

다들 대단하세요. 스스로를 돌아보고 삶에 대한 반성과 고민의 시간을 갖는다는 것이 쉬운 일이 아닌데, 그걸 실천하기 위해 끊임없이 노력하고 계시다니…… 어떻게 이렇게 맑고 밝아지셨는지가 설명이 되네요. 또 어떤 일이 있으셨어요? 혹 주변에서도 달라진 모습을 알아보곤 하나요?

매일 즐겁고 스스로에게 자신감이 생겼습니다. 긍정적으로 사고하니까 일상에도 변화가 생기더군요. 열심히 일에 몰두하고, 새로운 일자리도 더 찾으려고 노력을 계속하고 있습니다.

저는 실제로 주변 사람들에게 "무슨 좋은 일 있어?" 하는 질문을 몇 번이나 들었습니다. 예전보다 말도 많아졌고 표정도 밝아졌다고들 합니다. 긍정적으로 생각하려고 노력하는데, 그게 표시가 나나 봅니다. 다른 사람들이 그렇게 봐주는 것도 좋지만, 나 스스로가 이제는 완전히 도박을 절제하고 있다고 느끼니까 참 좋습니다. 생각의 변화가 삶으로 이어진다는 말이 이런 거구나 하는 것을 매일 경험하고 있습니다.

차분한 내면이 형성되니까 확실히 행동의 자제력이 높아졌다는 것을 실감하는 요즘입니다. 스스로를 신뢰할 수 있게 되니까 자존감이 올라가고 있다는 것을 느낍니다. 실은 얼마 전에 내가 나를 시험해 본 적이 있어요. 근데 절대 손을 대지 않는 자신의 모습을 확인하면서 얼마나 '다행이다!' 생각했는지 모릅니다. 그 이후 나에 대한 자신감이 더 생겼습니다.

제 삶에 변화가 오니까 남을 위해 베푸는 삶을 살아야겠다는 생각이 자연스럽게 들게 되지 않나요? 상대방의 이야기를 경청하고 있는 제 모습을 발견하게 되기도 했습니다. 주변 사람들도 끝까지 남의 말을 잘 들어준다는 이야기들을 많이 합니다.

맞아요. 내가 나를 생각하다 보니, 상대방의 입장도 생각하게 되는 것 같아요. '상대의 이야기를 조금 더 들어주는 사람이 되고 있구나!' 하고 느낄 때가 많습니다.

타인에 관한 설부른 판단을 하지 않으려고 하고, 쉽게 충고를 하지 않으려는 습관도 생긴 것 같아요. 때로는 이해가 되지 않는 상황이 발생하기도 하잖아요. 그럴 때 질문도 더 해보면서 소통하려고 시도하게 되더라고요.

삶이 달라지고 있다는 것을 느끼고, 스스로를 사랑하게 되었다는 이야기가 참 반갑습니다. 많은 분이 일상에서의 변화를 느끼신다고 말해주고 계시는데 혹시 큰 차이를 느끼지 못하는 분들이 계시면 그 이야기도 들려주시면 좋을 것 같아요.

(잠시 침묵) 어떤 형태로든 몸과 마음이 예전보다 가벼워진 것은 사실이에요. 이 과정에 참여하면서 현실적으로 한참 후에 알게 될 저의 모든 상황을 앞당겨 느낄 수가 있었으니까요. 같은 경험을 가진 사람들이 어떻게 살아가고 있는지도 알게 되었고요. 단도박을 결심한 후 조금도 흔들린 적이 없다고 말할 수 있는 사람은 없을 겁니다. 하지만 그것이 어쩌면 당연하다고, 내가 나약하거나 못나서가 아니라는 것을 알게 해주셨잖아요. 저는 그 점을 가장 고맙게 생각하고 있습니다.

저 역시 단도박을 해야겠다고 마음을 먹긴 했지만 불안한 마음이 컸던 것이 사실입니다. 그런데 이 과정에 참여하면서 한 번 더 생각하고 마음을 다지는 시간을 가졌습니다. 그리고 무엇보다 이렇게 함께 있다는 것에 큰 용기를 얻습니다. 흔들릴 때 의지할 수 있는 좋은 사람들이 많이 생겼기 때문에 더 이상 예전

회복을 꿈꾸는 자들의 고백록

처럼 두렵거나 하지 않습니다.

선생님들께서 함께 가는 삶이란 말을 해주셨잖아요. 그 말이 얼마나 힘이 되는지 모르겠습니다. 내가 이렇게 오늘을 살 수 있게 많은 분의 도움을 받았던 것처럼, 다른 사람에게도 도움이 되는 사람이 되고 싶어서 동료상담사 양성과정에 더 적극적으로 참여했습니다.

저도 같은 처지에서 힘들어하는 분들을 어떻게 도와줄 수 있는지 계속 고민하게 됩니다. 상담과 치유에 관한 책을 더 읽어보고 싶다는 욕심도 생겼습니다. 앎에 대한 욕구가 팽창한 거죠. 좀 더 깊이 있는 공부를 하고자 하는 마음도 생기자 난생처음으로 '공부를 좋아하는 사람'이란 말도 듣게 되었습니다. (웃음) 독서를 통해 이론과 지식을 쌓고, 실전을 통해 경험을 축적하면서 좋은 동료상담사가 되기 위해 노력할 겁니다.

저도 같은 마음으로 '중독전문가 2급' 과정을 수강하고 있습니다. 공부를 통해 도박의 욕구가 왜 일어나게 되었는지 등에 대해 체계적으로 알 수 있게 되길 기대하고 있습니다. 알면 대처할 힘이 생기니까요. 이렇게 제가 알게 된 것을 주변에서 힘들어하는 동료들과 나눌 수 있게 된다면, 저의 쓸모가 또 한 번 증명되는 게 아닐까 하는 생각을 합니다.

'함께 사는 삶'에 대한 이야기들을 해주고 계신데요, 그렇다면 여기서 자연스럽게 동료들에 관한 이야기로 넘어가면 될 것 같습니다. 동료상담사 양성과정에서 함께한 분들과의 관계는 어떠한가요? 과정 이후에도 자주 연락을 하며 관계를 유지하고 계시는가요?

주기적인 모임을 통해서 관계 형성이 잘 이루어지고 있습니다. 만나면 반갑고, 만날 때마다 새롭기도 합니다. 아무래도 같은 경험을 공유하고 있기 때문에 서로가 서로에게 많은 동지애를 느낍니다.

저 역시 모임에 적극적으로 참여하려고 하고 있습니다. 동료가 있다는 점이 제게 자신감을 느끼게 해주더군요. 만나서 사는 얘기를 나누기도 하고, 책을 읽고 와서 토론하기도 하는데요. 그러다 보면 서로 치유를 주고받는다는 생각이 듭니다.

자주 만나고 서로 연락도 하면서 지내려고 하는데, 모임이 생겼을 때만 만날 수 있는 분들도 계십니다. 더구나 여성 모임과 남성 모임이 달라서요. 오늘처럼 이렇게 기수나 성별 상관없이 다 같이 만나는 자리가 없는데, 오늘 오랜만에 만나는 분들이 참 반갑습니다.

저는 솔직히 처음에는 소원하게 대했던 것도 사실인데, 가끔 동료 모임에서 만나서 이야기를 하다 보니 마음이 조금씩 통하면서 대화가 잘 된다는 것을 느꼈습니다. 그러다 보니 자연스럽게 서로의 처지를 알게 되고, 이제는 문제가 생기면 서로 상담하고 그럽니다.

저도 자의적으로 만남을 시작했던 것은 아닙니다. 파트장님이 한 달에 한 번씩 정기적인 모임이 있다고 적극적으로 알려주셨습니다. 처음에는 못 이기는 척 몇 번 나갔습니다. 그렇게 사람들을 최소 월 1회 이상을 만나게 되었는데, 처음에는 그냥 인사나 하고 지내던 사이가 점차 안부도 묻고 건강도 점검해주는 사이가 되어갔습니다. 이제는 많은 대화를 하는 저를 발견하면서, 가급적이면 친교를 계속 유지해야겠다는 생각을 했습니다.

저는 모임이 마련되면 일부러라도 시간을 내서 꼭 참석하려고 하는 편입니다. 만나면 그냥 일단 너무 좋습니다. 먹고사는 게 바빠서 자주 만나지는 못하니까 정기적인 모임에서만큼은 꼭 보려고 하고 있습니다. 만나서 사는 소식을 듣는 것만으로도 힘이 납니다. 모임을 나오지 않을 때 잊고 있던 것들이 얼굴을 보면 생각이 나니까 좋기도 하고, 뭔가 마음을 다시 다잡게 되기도 하고 그렇습니다.

저는 모임에서 사람들과 소통을 하면서 회복자로서의 이해의 폭을 넓히는 데 실질적으로 도움을 얻었습니다. 서로 살아온 시간도 다르고 중독이 되게 된 이유도 다르지만, 같은 경험을 공유하고 있는 사람이 내 옆에 있다는 생각을 하면 어마어마하게 큰 힘이 됩니다. 시간이 지나면 지날수록 뭔가 더 단단하고 끈끈한 것이 생겼다는 것을 느낍니다.

동료가 있다는 것은 정말 감사한 일이지요. 상황을 벗어나려는 의지와 서로에게 힘이 되려는 마음이 이어지고 있네요. 지속적인 만남을 꾸준히 가지면서 일종의 거울 효과를 느끼고 있는 것 같습니다. 지금까지 나온 이야기를 정리해보면 동료상담사 양성과정 교육 기간부터 사후 모임, 그리고 오늘 워크숍까지, 이 일련의 과정 모두가 중독치유에 많은 도움이 되었다는 말씀들이군요.

네 그렇습니다. 좋은 교육과정이었습니다!

단도박에 많은 도움이 되었고 지금도 그 도움은 여전히 진행 중입니다.

어떤 점이 좋으셨는지 좀 더 구체적으로 말씀해주실 수 있을까요? 믿음과 확신을 지니고 이 과정을 기획하고 진행하지만, 정말 단도박의 길에 노움과 힘이 되고 있는지를 계속 확인하고 싶은 것이 저희의 마음입니다.

저는 중독자로서 살았던 지난 삶의 상처를 치유하는 데 큰 힘이 되었습니다. 그리고 이제는 혼자가 아니라고 생각하게 되었습니다.

저 역시 서로 대화를 나누며 어려운 점을 논하는 것이 다른 무엇보다 도움이 되었습니다. 서로의 따뜻한 말 한마디 한마디가 정말 큰 힘이 됩니다. 어깨를 다독이거나 손을 꼭 잡아주는 동료들이 있어 마음이 울컥한 적도 많았습니다. 도박에 빠지게 된 것도, 자꾸 흔들리는 것도 내가 못나서 그런 것이 아니라고, 이제는 괜찮으니 지나간 것에 대한 죄책감 말고 앞으로 우리는 어떻게 살 것인지 같이 이야기를 하자고 할 때 '아 정말 이 과정에 참여하길 잘했구나!' 싶었습니다.

저는 단도박에 대한 인식 개선 자체에 큰 도움을 받았습니다. 여러 가지 의미로 경계가 확장되면서 마음을 더욱 단단히 부여잡게 되었습니다.

동료상담사과정은 단도박을 하는 데 도움이 될 뿐만 아니라, 단도박 그 완성도를 높이는 데 더 많은 기여를 했다고 생각합니다. 사실 한 번 중독이 되면 그것을 끊어내는 것이 아니라 계속해서 참아내야 한다고 들었습니다. 주변에 어렵게 단도박에 성공해서 주변에 귀감이 되었던 분이 계셨는데, 얼마 전 너무 허무하게 다시 카지노에 갔다는 이야기를 들었습니다. 그리고 하

회복을 꿈꾸는 자들의 고백록

루 만에 아니 몇 시간 만에 다시 모든 것을 탕진했다고 합니다. 이 과정에 참여하는 동안 들었던 모든 이야기, 그리고 그 후 이어지는 이 인연들은 다시 그쪽으로 가지 않을 수 있도록 하는 힘이 되는 것이 분명합니다. 그러니까 단도박이라는 그 목표에 도달하는, 완성도를 높이고 있는 것이지요.

맞습니다. 그런 의미에서 평생 학습이 필요하다고 생각합니다. 이런 과정이 좀 더 다양하게 지속하였으면 좋겠다는 마음은 저뿐만 아니라 여기 계신 여러 사람이 가지고 있을 것입니다. 중독자들의 삶에 대한 교육은 한두 번 하고 말 문제가 아니니까요. 무엇보다, 알면 알수록 좀 더 많이 배우고 싶다는 생각이 강하게 들 때가 많습니다.

더 다양한 프로그램에 대한 요청이시군요. 물론 쉽고 재미있게 진행되고 빨리 끝났으면 하는 마음도 함께 있으시겠죠? (일동 웃음) 말이 나온 김에 심화 과정에 관한 이야기를 한번 나눠볼까요. 프로그램의 연속성에 대한 고민은 저희 팀에게 여전한 과제입니다. 현재까지 동료상담사 양성과정 속에 다양한 프로그램이 기획되어 진행되었는데요, 이 과정 중 좀 더 깊이 있게 진행될 필요가 있는 부분들을 위주로 보수 교육도 하고 심화 학습도 진행할 계획이 있습니다. 여기에는 참여자분들이 교육의 필요를 느끼느냐 하는 부분, 그러니까 어떤 부분에 대한 요구가 있는지가 매우 중요합니다. 그러니 다양한 의견을 주시면 저희가 최대한 반영을 하여 맞춤 교육을 진행해볼까 합니다. 우선, 심화 과정이 생긴다면 참여할 의사가 있는지부터 말씀해주시겠어요?

네, 당연히 참여하고 싶습니다. 자꾸자꾸 알아가는 것이 너무 좋습니다.

당연히 다음 과정을 기대하고 있었습니다. 아직은 부족한 것이 많습니다. 개인의 문제를 넘어서 나와 같이 중독으로 힘들어하시는 분들에게 도움을 주고 싶다는 생각을 많이 하게 되었는데, 그러기 위해서는 반드시 공부가 더 필요합니다.

동료들과 협동하여 한 사람이라도 더 밝은 세상으로 안내하는 모습을 그려보았습니다. 나의 힘으로 해낼 수 있는 그런 날을 위해서 심화 과정은 꼭 필요합니다.

제 인생에 더 많은 도움이 되는 기회가 있었으면 좋겠다는 생각을 합니다. 지금까지의 과정이 그랬기 때문에 바쁘더라도 시간을 내서 꼭 참석하려고 합니다. 일정을 조절해서 오늘 여기에 온 것도 같은 마음이고요. 어떤 식으로든 앞으로 살아가는 데 도움이 될 거로 생각합니다.

성숙한 회복자가 되기 위해서는 앞으로도 많은 공부가 필요하다고 느낍니다. 좀 더 깊이 있는 교육을 통해 많은 도움을 주실 거라고 믿습니다. 어쩌면 그 교육의 깊이를 제가 이해하지 못할 수도 있겠지만, 그래도 반드시 해야 할 일이라고 필요한 과정이라고 생각합니다. 지금까지 그랬듯 도움이 되는 시간이 될 거로 생각합니다.

저는 심화 과정에 참여하고자 하는 것이 단도박 의지를 높이려는 것도 있지만, 그전에 내 마음을 치유하기 위해서이기도 합니다. 그동안의 과정을 통해 마음이 많이 다스려졌습니다. 앞에서도 말씀드렸다시피 마음이 달라지면서 많은 것들에 변화가 있었습니다. 앞으로도 저에게도 그리고 다른 사람들에게도 더 많고 다양한 기회가 주어졌으면 합니다.

저도 수업을 듣는 그 시간에 힐링을 받았습니다. 그 이후 마음도 한결 안정을 찾아가게 되었고요. 오늘도 역시 마찬가지입니다. 마음이 너무 따스하고 좋습니다. 이런 기분을 자주 느끼고 싶어요. 앞으로도 기회만 있다면 꼭 찾아서 참여할 생각입니다.

심화 교육을 원하는 이유는 다양하지만, 교육에 대한 열망만큼은 모두 한결같으시네요. 여러분들의 의지와 요구들이 강력해서 하루빨리 재단장을 하고 다시 시작해야겠다는 생각이 듭니다. 그렇다면 구체적으로 어떤 과정들이 진행되면 좋을까요? 어떤 부분이 아쉬웠고, 어떤 점이 부족하다고 느끼셨는지 채찍질을 해주시겠어요? 심화 과정이 진행된다면 어떤 점들을 얻고 싶으신가요?

(일동 잠시 머뭇거림) 막상 질문을 받으니 당장 구체적으로 떠오르는 게 없네요. 지금까지의 과정이 너무 좋았고, 이 모임이 계속 지속하였으면 좋겠다는 마음이 우선 제일 큰 것 같습니다. 보고 싶은 얼굴들을 마주하는 시간이 너무 행복하고, 함께한다는 것을 확인하는 것만으로도 많은 것이 치유됩니다.

맞아요. 동료들과 대화를 나누면서 내가 변화하고 있다는 것을 느낍니다. 수업시간에 내가 먼저 나를 아끼고 사랑해야 한다는 이야기를 듣고 난 후, 그 말을 실천해보려고 애써왔습니다. 앞에서 말한 것처럼 변화하고 있는 지금의 모습에 많은 영향을 끼쳤습니다. 저는 지금도 제가 달라지고 있는 과정 중에 있다고 생각하는데, 이러한 삶에 더 많은 배움이 있다면 더 큰 도움이 될 것이라 믿는 것이지요. 지금까지의 과정에서 그래왔던 것처럼.

저 역시 강의를 들으면서 '나 자신에 관한 회복은 지속해서 이어져야 한다'라는 말이 아직도 마음에 남아 있습니다. 그렇지만 교육과정이 없으면 지속성을 이어가기가 쉽지 않습니다. 일상에서 접하지 못하는 과정을 통해 더 깊이 있는 나의 모습까지도 발견하고 싶습니다.

그렇습니다. 도박으로부터 멀어지는 과정이라고 생각하고 참여했던 수업에서 모든 것의 근본에 '나'를 바로 놓아야 한다는 것을 배웠고, 나의 근원을 고민해야 한다는 것을 알게 되었습니다. 거창하게 실존의 문제에 대한 고민까지는 잘 모르겠지만, 그저 스스로를 아끼고 사랑하는 과정을 멈추지 않으려고 지금까지 노력해왔습니다. 이 모임에 지속해서 나오는 이유도 그것이고요. 그러면서 무언가를 더 알고 싶다는 생각을 계속할 수밖에 없는 것입니다.

이해력, 판단력뿐만 아니라 그 외 소극적이고 개방적이지 못한 부분 같은 성격상의 문제들까지 부족한 면이 많은 사람인데 이를 채우는 방법이 무엇인지 고민하게 됩니다. 나에 대해서는 아직도 배울 점이 많고 앞으로도 계속 배워나가야 한다고 생각합니다.

변화되는 삶에 마음을 다스리는 데 있어 의지가 많이 되었던 프로그램입니다. 앞으로도 배울 점이 분명 많을 것입니다. 체계화된 지식을 습득하면서 내면을 단련시키면서 더 나은 내일을 기대하게 되었습니다.

지속적인 교육을 원하시는 여러분들의 마음 잘 알겠습니다. 그동안의 과정에 힘을 얻으시고, 앞으로도 계속 함께하길 원하신다는 말씀들이 그저 감사할 따름이네요. 지속적이고 연결된 수업에 대한 부분은 저희도 역시 필요성을 인지하고 있고, 상황과 시기가 되면 진행할 예정입니다. 참여자분들이 이렇게 적극적이시니 그 시기를 빨리할 방법을 고민해보고, 여건이 허락되지 않는다면 오늘처럼 잠깐의 만남이라도 계속 자리를 만들어보겠습니다.

그런데 앞으로의 만남을 더 나은 방향으로 가져가기 위해서 좋았던 점 말고, 모자랐던 점에 관한 이야기도 해주셔야 합니다. 보다 구체적인 요구사항들을 말씀해주셨으면 합니다. 분명 그동안의 과정이 진행되면서 아쉬운 점도 있었을 거로 생각합니다. 물론 흔치 않은 좋은 기회였고, 과정을 만들고 진행한 여러분들의 노고에 감사의 마음을 가지고 계시다는 것도 충분히 알고 있습니다. 하지만 그 때문에 불편한 점을 말씀하지 않으시는 건가 하는 걱정도 있습니다. 모든 사람을 100% 만족시킬 수 있는 경우가 매우 어렵다는 것을 잘 알고 있으니, 편하게 아쉬웠던 부분에 관해 이야기해주세요. 괜찮습니다. 저희 이런저런 이야기 다 서로 나누던 사이였잖아요.

이제 강사님께서 저희에게 무엇을 묻고 있는지 알겠습니다. 그런데 저희가 어떤 점을 지적하지 못하는 것은 불편하거나 부담스러워서가 아닙니다. 이미 저희는 마음을 열고 서로를 보여주었는데요. 그런데 어떻게 무엇을 말씀드려야 할지 사실 잘 모르겠습니다. 정확하게 말하자면 어떤 점을 요구해야 하는지 잘 모르기 때문입니다.

귀한 말씀 주셨네요. 바라는 것이 아예 없는 건 아니지만 무엇을 요구해야 할지 모르겠다는 것이지요? 조금만 더 자세히 말씀해주시겠어요? 그러니까 잘 모르겠다는 것은 어떤 과정이 진행될지를 예측할 수가 없어서 적절한 요구를 하시기 어렵다는 뜻인가요? 아니면 다음 교육과정의 프로그램에 대한 사전 정보가 있어야 거기에 맞는 요청 사항이 생긴다는 말씀이신가요?

군이 따지자면 전자 쪽에 가까운 것 같지만, 꼭 그것만도 아닙니다. 정확하게 말 그대로 모른다는 것입니다. 무지하다는 것이지요. 무얼 알아야 부족한 점도 알고 필요한 것도 알고 요구도 하고 그럴 거 아닙니까? 앞선 교육과정을 참가한 이유도 다들 막연했습니다. 프로그램 이름이 '동료상담사 양성과정'이라는 것을 보고 단순히 '이 과정을 들으면 주변 사람들을 상담할 수 있나 보다!' 하고 시작한 분들이 대부분입니다. 혹은 단도박에 도움이 된다기에 아무것도 모르고 참여하기 시작한 사람도 있었습니다.

막상 교육이 진행되면서 생각보다 다양한 프로그램이 진행되었고, 무엇에 중독된다는 것이 그리 간단한 문제가 아니라는 것을 알게 되었습니다. 또 인문 치유 팀 선생님들은 스스로를 치유하는 것이 우선이라고 계속 강조하셨습니다. 과정이 끝났을 때 실제로 단도박의 의지도 강해졌고, 함께 과정을 거치면서 좋은 동료들도 만났습니다. 그렇지만 그 이외에 저희가 이론적으로 무엇을 알게 되었다고 말하기는 어렵습니다. 사실 앞으로도 자신의 마음을 다스리기 위한 수업이 지속해서 진행되었으면 좋겠다는 것과 보다 상담자로서 실전적 경험을 쌓을 기회가 많았으면 좋겠다는 막연한 기대를 지닌 것이지요. 정말 아는 것이 별로 없어 뭘 더 말해야 하는지 그저 막막하다는 것입니다. 아마 다른 분들도 비슷한 입장일 것입니다. (고개를 끄덕이거나 동의의 눈빛을 보내는 다수)

아, 무엇을 말씀하시고자 했는지 이제 잘 알았습니다. 제가 질문을 너무 어렵게 드렸나 보네요. 맞습니다. 앞으로 우리가 함께해 나갈 과정이 바로 지금 말씀하신 그 부분과 일맥상통합니다. 중독에서 벗어나기란 말처럼 쉬운 일이 아니니 스스로를 바로 세우고, 함께 나가는 것을 강조하는 교류의 시간도 가질 것입니다. 또 누군가에게 힘을 보탤 때 어떤 방법이 효과적인지를 배워야겠죠.

그런데 강의를 계획하기 위해선 수업의 질적인 면과 함께 양적인 부분도 조절해야 하고, 우선순위도 결정해야 하는데…… 앞으로는 어디에 좀 더 많은 시간을 할애했으면 좋겠는지, 동료 모임만으로는 해결되지 않는 갈증이 무엇인지 정도로 질문을 시작했어야 했는데, 많은 이야기를 듣고 싶은 마음에 쉬운 길을 두고 돌아가고 있었네요.

접근을 바꾸어보기로 해요. 자, 다시 좀 더 떠올리기 쉽게 다른 질문으로 이야기를 이어가 보도록 하겠습니다. 동료상담사 양성과정 이후 연결된 고리들에 대해 생각해보도록 하죠. 과정 이후 노래 부르기, 책 읽기 등 동료 모임을 지속하고 있다고 알고 있습니다. 오늘 워크숍 활동도 진행되고 있고요. 이런 활동들은 어떤 의미가 있나요? 어떤 점이 즐거우세요? 어떤 도움을 받으셨어요?

　　　　　　　　　　　회복을 꿈꾸는 자들의 고백록

모임 자체가 그냥 편하고 행복합니다. 만남 그 자체가 즐겁습니다.

맞아요. 나 혼자가 아니라 집단의 구성원이라는 소속감을 줍니다. 거기에서 찾아오는 마음의 안정감은 생각보다 컸습니다. 여러 가지 모임은 서로의 마음을 하나로 묶어주고 응원을 해줍니다.

마음이 복잡하거나 스스로가 무의미하다고 생각되는 때에 모임에 나가면 활력을 되찾고 돌아옵니다. 다른 생각에 빠지지 않도록 합니다. 모임에 나간다는 사실만으로도 바빠지기 때문에 혼자 멍하니 무력하게 보내는 시간이 줄어들게 되었습니다. 다른 길로 빠질 수 있는 시간을 주지 않는 것이지요. 지금보다 모임이 더 자주 있었으면 좋겠습니다. (웃음)

지난 일들을 이해하는 이들과 만나 숨김없이 자신의 이야기를 나누고, 그간 회복자로서 느끼지 못했던 잃어버렸던 삶의 부분을 느끼게 되었습니다. 평안을 주고받는 과정이 지속되니 마음이 다스려지는 기분이 들었습니다.

마음과 머릿속이 가벼워지는 느낌은 저도 마찬가지입니다. 이런 모임은 삶의 윤활유가 되고 서로가 있다는 것을 확인하면서 의지가 됩니다.

노래모임은 가슴에 리듬을 주는 꼭 필요한 시간이라고 말하고 싶습니다. 함께 노래를 부르는 순간에는 복잡한 생각이 들지 않습니다. 어떤 순간에는 동심의 세계로 돌아가 있는 나를 발견하기도 하고, 숨기고 살아왔던 진정한 나의 모습을 보는 순간이기도 합니다. 정서적으로도 위안이 되는 느낌이에요.

노래를 부르는 순간 마음이 행복해져요. 그 순간 자체가 즐겁습니다. 정신건강에 아주 좋습니다.

책 읽기 모임은 중독과 관련된 좀 더 전문적인 지식을 알아가게 되는 시간이기도 합니다. 토론을 통해 모르는 부분을 알아가는 것이 좋습니다.

저는 책 읽기 시간이 생각을 정립시켜주는 것 같아 참 좋습니다. 앞으로 독서클럽이 KLACC에서 운영되었으면 좋겠습니다.

오늘 같은 워크숍 일정도 매우 좋습니다. 일상에서 벗어나 자연과 함께하는 것도 좋고, 오래 만나지 못했던 동료들이 여전히 열심히 살고 있다는 소식을 들으면서 저 역시 다시 힘을 낼 기회가 되었습니다.

모임에 관한 이야기를 하니 편하게 말씀들을 잘하시네요. 떠올리시는 것만으로도 행복해하시는 게 느껴지네요. 워낙 주어진 상황에 크게 감사한 마음을 갖는 분들이라는 것은 제가 잘 알지만, 혹시라도 아쉬운 부분은 없으신가요? 기대했는데 미처 아직 덜 채워진 것 같은 부분 말이에요. 아까 제가 드리려고 했던 질문이 실은 이것이었어요. 어떤 모임이 더 만들어졌으면 좋겠는지… 모여서 무엇을 하면서 좀 더 많은 시간을 보내고 싶으신지 말씀해주세요. 좀 전에 독서클럽이 만들어졌으면 좋겠다는 분부터 이야기를 시작해볼까요?

참다운 공감 능력을 갖춘 사람이 되고 싶다는 생각을 자주 합니다. 주변에는 저희와 같은 이유로 힘들어하시는 분들이 아직 많이 있습니다. 그분들과 함께 뭔가를 하면 좋겠다는 생각을 자주 하는데, 그러던 중 책을 읽고 주기적으로 만나서 이야기를 나누고 하면서 보람 있는 시간을 보내고 싶다는 생각을 하게 된 것입니다.

지금 이미 한 달에 한 번 독서모임이 있다고 들었는데, 새로운 형태의 독서모임을 생각
하게 되신 이유는 무엇인가요?

현재 독서모임에서 같이 읽었던 책은 중독 심리에 관한 책이었
는데 이론이 딱딱해서 그런지 책에 관한 이야기를 할 때는 서로
의 이야기를 나눌 때만큼 자연스럽게 이야기가 진행되지 않았습
니다. 책 토론 앞뒤로 사는 이야기를 나눌 때가 훨씬 편안한 분
위기입니다. 저는 좀 더 다양한 장르의 책을 읽으면서 여러 방면
에 대한 자유로운 이야기를 나누었으면 좋겠다는 생각을 했습니
다. 재미있고 쉬운 책으로 시작해서 깊이 있는 책까지, 같이 읽
으면서 함께 소양을 쌓는 기회를 만들었으면 좋겠어요. 대화의
내용이 폭넓어지면 공유하는 감정도 늘어날 수 있지 않을까요?
그러기 위해서 모임의 횟수도 좀 더 늘였으면 하고요.

소설책도 같이 읽고, 시도 나눠 읽고 하는 과정이 필요하다는
생각에 저도 동의합니다. 수업시간에 글을 함께 읽고 거기에 대
한 의견을 나누었을 때 굉장히 좋았습니다. 같이 공감하고 생각
을 나누면서 마음을 자연스럽게 모을 수 있었습니다. 그러다 보
면 실생활에서 함께할 수 있는 부분도 늘어갈 수 있을 거라는
생각이 들었습니다.

저는 좀 더 깊이 있는 인문학 공부를 했으면 하는 바람입니다.
모든 것의 근본이잖아요. 기본을 하지 않고 다른 것을 하는 것이
무슨 소용이겠어요. 모임에 선생님들이 함께해주셨으면 좋겠지
만… 어려우시겠지요? 아니면 인문학 수업을 할 수는 없나요?

왜 없겠습니까. 그렇게 말씀해주시니 고마울 따름입니다. 저희는 원하시는 분들이 계시면 어디든지 갈 수 있습니다. 인문학 수업을 하는 것이 인문 치유 팀의 전공입니다. 다만 기초 과정에서 저희에게 배정된 시간이 한정적이고 짧았기 때문에 지난 과정에서는 하나의 메시지 전달에 집중하려고 노력했습니다. 폭넓고 깊이 있는 인문학 수업을 할 기회를 한번 만들어보도록 하겠습니다. 함께 수업을 만들어가게 되면 또 다른 의미가 있을 것 같네요. 자, 또 편하게 원하는 것을 말씀하세요.

편하게 이야기하는 자리이니 저는 저희 어머니와의 이야기를 해보겠습니다. 어머니는 87세이신데, 말씀하실 때 같은 이야기를 자꾸 반복하십니다. 어머니가 경로당에서 사소한 일로 자주 다투고 오시는데 그 이야기를 저에게 계속 반복하여 이야기합니다. 예전의 저는 이야기를 듣다가 어머니가 잘못한 부분을 지적하곤 했습니다. 어떤 점이 잘못되었는지 일깨워드리는 것이 옳은 일이라고 생각했던 거죠. 그러나 같은 상황은 늘 반복되었고, 저와 어머니의 관계마저 부딪히게 되었습니다.

그러나 요즘은 어머니의 이야기를 끝까지 들어드립니다. 교육 과정을 거치고 난 다음 저에게 일어난 변화입니다. 반복되는 상황에 짜증을 내거나 어머니를 다그치기보다는, 왜 어머니께서 같은 말을 반복하고 계시는지 궁금해합니다. 다툼이 생긴 상황에서 어떤 점이 서운해서 그러신 걸까 생각해봅니다. 어떤 부분이 채워지지 않으신 걸까, 혹시 다른 문제가 있는 것은 아닌지도 고려해봅니다. 어머니와의 관계가 많이 좋아져서 이제 어머니는 저에게 이런저런 이야기를 아주 잘 하십니다. 달라진 저 스스로가 자랑스럽기도 하고요.

좋은 상담사가 되셨네요. 어머니께서 최초의 내담자가 되셨으니 의미가 크겠어요. 충분히 잘하셨는데 무슨 문제가 있으셨어요?

그런데 아쉬운 점은 딱 거기까지였다는 것입니다. 이야기를 들어주고 나서 뭔가를 더 해드리고 싶었는데 무엇을 어떻게 해야 할지 모르겠다는 거죠. '이야기를 경청해라. 그 사람의 처지에서 생각해라, 진실로 비어있는 부분을 찾는 데 힘써 봐라'까지는 알겠는데 그다음이 무엇인지를 배운 적이 없는 거예요. 말이라도 제대로 더하고 싶었는데 무슨 말을 어떻게 하는 것이 맞는 것인지도 모르겠더라고요. 기회가 된다면 이런 부분을 배우고 싶다는 생각을 하였습니다. 저는 어머니와의 일이었지만, 다른 분들과의 관계에서 저와 같은 갈증을 느낀 분들이 여기 많이 계시는 것으로 알고 있습니다.

저도 '동료상담사 양성과정'이란 타이틀에 맞는 좀 더 실질적인 교육이 있었으면 하는 바람이 있었습니다. 지금까지의 과정이 기초를 닦기 위한 과정이었다면 앞으로의 과정에선 기술적인 측면의 교육도 좀 많이 이루어졌으면 좋겠다는 마음이 있습니다.

기술적인 부분이란 상담 기법 같은 것을 말씀하시는 건가요?

예 그렇습니다. 비슷한 처지인 사람을 보고 공감과 위로를 해주는 방법은 지난 과정에서 배웠습니다. 그런데 그다음이 항상 문제입니다. 힘들어하는 사람들에게 구체적인 방법을 제시해주고 싶은데 그것을 잘 모르겠습니다. 어떤 이야기를 해주어야 실질적 도움이 되는지를 알 수 없으니 사람을 대할 때 가끔 겁이 나기도 합니다. '혹시 잘못된 이야기를 하는 거면 어쩌나!' 하는 생각이 드니까요. 그럴 때면 상대의 심리를 잘 알아차릴 수 있으면 좋겠다는 생각을 하게 됩니다.

저도 비슷한 경험이 있습니다. 실제로 저는 상담소에서 일을 맡고 있는데, 거기에 찾아오신 분들의 심리를 좀 더 잘 파악해서 상황에 맞는 도움을 주고 싶을 때가 많았습니다. 하지만 공부도 부족하고 실전 경험도 많지 않아 실제로는 할 수 있는 일이 없어 속상했던 적이 있습니다. 앞서는 마음과 다르게 허둥거리는 제 모습이 싫었습니다. 내담자가 어떤 식으로 자신의 문제를 스스로 딛고 일어서게 만드는 것이 가장 좋은 것인지도 궁금하고, 또 어떤 태도로 내담자를 대해야 옳은 것인지 태도에 대한 것도 궁금합니다. 상담자로서 내담자를 효율적으로 대처할 방법이 있다면 무엇이든 배우고 싶은 마음입니다.

저희 주변에는 여전히 도박에 빠져 힘들어하는 사람들이 많습니다. 그분들의 생활을 옆에서 보면 말이 아닙니다. 저희 역시 같은 일을 겪었기 때문에 앞으로 어떻게 더 나빠질지 보입니다. 그 사람들을 위해 조금이라도 더 많이 배워야겠다는 생각을 하는 것은 어찌 보면 자연스러운 일입니다. 하지만 이제 배움의 첫 단계여서 할 수 있는 일이 많지 않고, 잘하고 있는 것인지에 대한 확신도 아직 없습니다. 어떻게든 유익한 정보를 주고 싶고 상담을 해주고 싶은데, 효율적으로 상담을 할 수 있는 스킬을 배운 적이 없어 막막한 심정입니다. 중독에서 회복자로 가는 사람들에게 얼마만큼 도움이 될 것인가, 내담자가 자신의 문제를 떨치고 일어설 활용방안을 어떻게 찾아낼까 이런 것들에 대한 고민이 많습니다.

화법 같은 교육도 있었으면 좋겠습니다. 내담자의 대화 시에 가장 적절한 대화법이 무엇인지도 습득하고 싶습니다. 저는 대화를 할 때 정보를 전달하기 위해서 직설적인 어법을 사용하는 편입니다. 의도와는 다르게 오해를 사기도 합니다. 그런데 이런 말 하기 방식은 내담자의 마음을 끌어내는 데 도움이 되지 않습니다. 타인을 대할 때 직설적으로 말하는 대신 좀 더 유화적으로 말할 방법이 있다면 배우고 싶습니다. 가까운 인간관계도 많이 나아질 것 같고, 실전 상담과정에서도 요긴하게 쓰일 수 있을 것 같습니다.

원하시는 바를 정리해보면, 체계적인 인문·예술 활동과 상담 기법에 관한 것들이네요. 기초를 튼튼히 하고 배움을 통해 타인에게 도움이 되고자 하는 마음이 아름답습니다. 힘들었던 경험이 여러분을 좋은 상담사가 되도록 만들어 줄 것으로 생각합니다. 이야기를 들어주는 것만으로도 이미 많은 것을 하고 계십니다. 공감과 위로에서부터 출발하니까요. 동료라는 말이 가진 힘이기도 하지요. 상담 실전 경험을 쌓아가는 부분에 대한 갈증도 많으신 것 같은데 이 부분에 대한 해결책도 마련해보도록 하겠습니다. 이제 자신의 이야기를 좀 해보도록 할까요? 지금까지는 현재의 삶에 감사하며 충실하게 지내고 계시다는 말씀을 들려주고 계시는데요, 분명 여전히 힘들고 어려운 문제들이 많으실 거라는 생각도 합니다. 인생은 언제나 즐겁고 행복하지만은 않으니까요. 현재 자신의 상황에서 느끼는 어려움은 주로 어떤 것들인가요? 수업시간에 해봤던 것처럼 오랜만에 또 마음을 열고 허심탄회하게 이야기 나눠볼까요? 여러분들을 괴롭히고 있는 게 무엇인지 말씀해주세요.

이런 말 하면 어떨지 모르겠지만 솔직히 저는 요즘 걱정이 없습니다. 살면서 이렇게 마음 편했던 적이 있었나 싶습니다. 마음을 다 내려놓았더니 저를 괴롭히는 것이 없어서 그런가 봅니다. 주어진 것에 감사하면서 열심히 하루하루를 살다 보니 시간이 아주 금방 갑니다. 하는 일도 재미있고 보람 있습니다. 이런 모임이 있는 날은 더 즐겁습니다. 그런데 혼자 있는 시간, 그러니까 밤에 유독 잠이 오지 않거나 하면 가끔 외로움이 찾아옵니다. 그것만큼은 어쩔 수 없는 것 같습니다.

혼자라는 생각이 들면 다시 유혹이 찾아올까 봐 그게 두렵습니다. 사람이 외로운 것은 어쩌면 당연할지도 모르는데, 흔들리는 감정 때문에 이 모든 것이 다 무너질지도 모른다고 생각하면 정말 아찔합니다. 그래서 빨리 모임 날이 찾아오길 기다리게 됩니다. 정말 불안한 날은 가끔 주변 지인들에게 전화합니다. 이야기하다 보면 신기하게도 어느 순간 마음이 가라앉아 있습니다.

저는 요새 건강이 예전 같지가 않습니다. 특별히 어디가 나쁜 건 아닌데 나이가 먹는구나 하는 것을 몸으로 느낄 때가 많습니다. 예전 같지 않은 체력 때문에, 나이가 들어 앞으로 할 수 있는 일이 있을까 하는 생각이 드는 날이면 걱정이 밀려오곤 합니다.

저만 그런 게 아니었네요. 저는 요즘 조금만 더 젊었더라면 하는 아쉬움이 들 때가 가끔 있습니다. 그런 날이면 정신적으로 조금 힘겨워지는 것이 사실입니다. 퇴직 후에 겪을 상황을 받아들여야 한다는 것을 알지만 경제적 두려움이 생기는 것은 누구나 마찬가지겠지요. 할 수 있는 일이 많지 않으니 긍정적이고 건설적인 생활을 하는 데 목표를 두어야 한다는 것을 알지만 물질적인 것에서 벗어나지 못합니다. 젊음을 돌릴 수 없다는 것을 아니까 조금만 더 젊었더라면 하고 소용없는 후회를 해봅니다.

저는 곧 새로운 일자리를 찾아야 합니다. 지금 하는 일이 얼마 후면 곧 끝납니다. 앞으로 다른 일을 계획하기 위해서는 해야 할 일이 많습니다. 일이 잘 풀리지 않으면 어쩌나 하는 두려

회복을 꿈꾸는 자들의 고백록

움이 있지만, 오히려 어떤 때는 이러한 상황이 낫다는 생각을 하기도 합니다. 매일매일 시간에 쫓기며 바쁘게 살다 보니 엉뚱한 생각을 할 틈이 없습니다. 다른 생각을 하지 않고 내 일, 내 미래만을 생각하는 것이 어찌 보면 좋은 일이지만 앞으로의 미래 때문에 걱정이 조금 되기도 합니다.

저는 반대로 이 생활에 적응이 되면서 나태해지는 자신이 걱정스럽습니다. 여러 가지 측면에서 안정감이 오기 시작했습니다. 현재 저는 시간적으로나 정신적으로 긴장과 긴박감이 전혀 없는 상태입니다. 익숙함이 낳은 편안함으로 인해 발전이 없고, 그러다 보니 어느새 조금씩 게을러지는 저 자신을 발견하고 놀랄 때가 있습니다. 오늘 여러 동료분이 말씀하시는 것을 듣고 지금 조금 반성이 되고 있습니다. 앞으로는 모임을 좀 더 열심히 나와 자극을 받아야겠습니다.

저는 인간관계를 조금씩 회복하고 있습니다. 심리 상태가 안정되면서 현재의 삶에 적응이 되기 시작했고, 동료들을 많이 사귀었습니다. 얼마 전부터 연락이 끊어졌던 가족을 다시 만나게 되었습니다. 이 행복이 깨질까 봐 그게 가장 무섭습니다. 내 손으로 다시 내 인생을 깨는 일이 없도록 계속 노력을 해야 한다는 것을 알고 있습니다. 주변에서 할 수 있다는 용기를 줄 때마다 기운이 납니다.

오랜만에 힘들었던 이야기를 이렇게라도 꺼내 놓으시니 속이 좀 후련해지셨나요? 외로움 두려움은 아마 우리를 평생 괴롭히는 감정일 것입니다. 그래도 그 감정을 인정하고 배출하여 이겨내는 과정을 잘 진행하고 계시네요. 서로가 서로에게 힘이 되고 있다는 이야기도 좋습니다. 이미 너무 잘하고 계시지만, 그래도 다시 한번 당부드리고 싶어요. 살면서 문득 유독 혼자라는 생각이 드시는 날이 있다면, 혹은 그런 사람을 보신다면 망설이지 말고, 꼭 손을 내밀어 흔들리지 않게 서로를 잡으셔야 합니다. 여기 계신 분들은 누구보다 의지가 강하고 삶에 대한 에너지가 충만하셔서 앞으로도 잘해나가실 것이라 믿습니다.

그럼 이제 분위기를 바꾸어서 강한 삶의 에너지를 어떻게 쓰고 계신 지에 관한 이야기를 좀 들어볼까요? 요즘 꼭 하고 싶은 일이 있으신지 그 일을 위해 혹시 준비하고 계신 것이 있는지 궁금하네요. 자, 각자 생에 대한 욕망을 드러내 볼까요?

우리 단도박 벗들과 함께 협동조합을 꾸려 카페를 하나 열고 싶습니다. 아시다시피 클락의 도움으로 많은 회원이 바리스타, 제과제빵 자격증을 취득했습니다. 함께 모여 맛있고 예쁜 쿠키를 만들고 커피를 만들어 내는 공간을 만드는 것이 꿈입니다. 그곳에서 서로 의지하며 지낼 수 있게 되었으면 좋겠습니다.

가능하다면 공동체 마을을 만들어 삶의 최소한 기반을 마련해 보고자 노력하고 있습니다. 각자의 삶에 의무와 보람을 갖는 생활의 기초를 만들게 되면 얼마나 좋을까요.

저는 얼마 남지 않은 정년퇴직까지 지금 하는 일을 잘 마무리하는 것이 지금의 작은 목표입니다.

저는 아직 구체적인 계획은 없지만, 다만 무언가를 해야 한다는 생각이 분명하게 들고 있습니다. 지금보다 좀 덜 힘든 일을 하면서 편안하게 지낼 수 있었으면 하는 욕심이 있습니다.

명상을 통해 내면을 단련하고 있습니다. 이미 명상지도자 1급 자격을 취득하였고, 현재는 전문가 과정을 수련 중입니다. 저는 이것을 중독회복 커리큘럼에 접목하여 많은 사람의 회복과정에 사용하고 싶습니다.

저는 요즘 운전도 배우고 있고 요양보호사 교육을 받는 중입니다. 앞으로는 장례 지도사 자격도 취득할 예정입니다. 이런 자격증을 바탕으로 사람들을 돕는 직업을 가지고 싶고 봉사를 하면서 살고 싶습니다.

저는 자연에 관심이 많습니다. 아직 준비가 덜 되었지만, 환경보호에 관한 일을 하고 싶습니다.

저는 지역주민 전체가 참여하는 극단을 설립하여 상설 공연을 열었습니다. 이 지역에 있는 광부의 아내들에 관한 내용을 소재로 한 연극인데, 강원랜드에서 초청공연을 하기도 했습니다. 제다음 꿈이 있다면 회복자의 이야기를 소재로 한 희곡을 만드는 것입니다. 공연할 때 회복자가 직접 참여할 수 있도록 할 것입니다. 단도박 이야기를 전면으로 다루는 대표적인 연극이 되었으면 하는 바람입니다.

중독회복 전문 치유자로서 가치 있는 사람이 되고 싶습니다. 10년 후 쯤에는 상담 카페를 개업해서 중독에서 힘들어하시는 분들에게 도움을 주고 싶습니다.

개인 상담소를 운영하고 싶다는 생각을 했습니다. 이를 실현하기 위해서 상담과 관련된 공부를 하고 있습니다. 필독서를 찾아 탐독하고 영어공부도 병행하고 있습니다.

내일을 위해 열심히 현재를 사는 모습들이 멋지네요. 앞을 향한 이런 꿈들이 오늘을 열심히 살게 하는 원동력이 되는 것 같네요. 연극 공연을 하게 되면 저도 꼭 초대해주세요. 공연을 보고 나서는 협동조합으로 세워진 카페에서 커피와 함께 쿠키를 즐겨야겠네요. 상담소들이 생기면 그곳에도 들러봐야겠어요. 그런 날들이 꼭 오길 기대하고 있겠습니다. 정말 바라시는 소망 하나하나가 이루어지셨으면 좋겠습니다.

자, 어느덧 시간이 다 되어가네요. 마지막으로 하고 싶은 말씀이 있다면 해보는 것으로
하죠. 혹시 저희에게 전해주실 메시지는 없나요? 저희애게 바라는 점이 있다면 말씀해
주세요.

현재도 충분히 만족하고 있습니다. 수업을 받을 때도 오늘도 시
간이 언제 지나갔는지 모를 만큼 즐겁고 유익했습니다. 앞으로
는 좀 더 많은 시간이 프로그램에 포함되었으면 좋겠습니다.

더 많은 것을 배우고 싶다는 생각이 많은 데 비해 이렇게 대화
를 나눌 기회가 많지 않아 아쉽습니다. 좀 더 좋은 곳에서 좋은
분들을 지속해서 만날 기회가 계속되길 부탁드립니다.

눈높이에 맞추어 재미있게 강의를 해주신 것에 감사드립니다.
언제나 저희의 입장이 되어 생각해주시려고 한 점도 너무 고맙
습니다.

저희의 질문에 언제나 성의를 담아 답해주서서 감사합니다. 앞
으로도 지금처럼이라면 더 바랄 게 없습니다.

인문 치유와 관련된 심화 과정이 꼭 진행되어서 언제라도 서슴없
이 배움을 요청할 수 있는 분위기가 형성되었으면 좋겠습니다.

제가 가야 할 길에 탄탄한 바닥을 닦아주었습니다. 너무 고맙습
니다.

아끼고 사랑해주서서 감사합니다. 그런데 '앞으로도 계속 더 많
이 사랑해주세요' 하고 말해도 될지 모르겠네요. (일동 웃음)

알겠습니다. 더 많이 사랑하도록 해보겠습니다. 사랑합니다, 여러분. 고맙습니다.

이제는 정말 오늘 자리를 마무리할 때가 되었습니다. 저도 무척 즐거운 마음으로 이 자리에 왔고, 이야기를 듣는 동안 내내 감동적이었습니다. 이 공간에 가득한 커피 향처럼 서로의 마음에 스며들고 배어든 모습도, 과거의 나의 모습을 완전히 인정하고 지금의 나를 사랑하겠다는 의지도, 나와 같은 경험을 가진 사람들을 도와주겠다는 마음도, 두렵지만 멈추지 않고 계속 꿈을 꾸겠다는 소망도 모두 너무너무 멋집니다. 내일을 위해 오늘에 최선을 다하시려는 모습, 함께 그려나갈 앞으로의 모습에 설레는 기대를 저버리지 않는 모습이 저를 다시 돌아보게 만듭니다. 오늘도 제가 많이 배우는 자리가 되었습니다. 눈빛 하나하나 맞춰가면서 이야기를 나누던 이 시간을 또 오래 기억할 거 같습니다. 앞으로도 계속 우리는 계속 함께일 것이기에 걱정이 없습니다. 저 역시도 마찬가지입니다. 그럼 다음에 다시 만나 뵐 때까지 건강하시길 기원하겠습니다. 다시 한번 함께해주신 모든 분께 감사를 드립니다.

(끝)

2기 워크숍 드로잉

회복을 꿈꾸는 자들의 고백록

◆ 에필로그 ◆

김용근

'강원랜드 중독관리센터(KLACC)'의 12년 차 중독전문위원이며, 성균관대학교 사회복지학과에서 『도박중독자가 구성하는 돈과 도박의 의미』라는 논문으로 박사학위를 받았다. 상담하고 싶어 입사한 대구의료원 정신과에서 뜻하지 않게 알코올 중독자분들을 만나면서 중독상담을 시작하였고, 중독과 함께 뒹굴며 20년의 세월을 보냈다. 도박중독에 빠져 카지노 지역을 제2의 고향 삼아 사는 사람들에 대한 고민과 걱정으로 「여성 노인 도박자 생애사 연구」, 「카지노 주변 장기체류자들의 일상세계」, 「카지노 인근에 머무는 도박중독자의 체험연구」, 「강원랜드 카지노 도박자의 불법금융 이용실태 및 경험에 관한 연구」 등을 수행하기도 하였다. 도박중독 분야에서 일하며 개발한 대표적 프로그램으로는 <카지노 고객 자원봉사 활동>과 <동료상담사 양성과정> 등이 있다. 중독이 남의 문제가 아님을 깨달은 후로는, 매일매일 '공부해서 남 주자'라는 가훈을 신조로, 회복해 가는 분들에게 묻고 배우며 공부하고 있다.

어른이 되어가는 것

김용근(KLACC 전문위원)

왜 갑자기 어른 타령일까요?

저는 꽤 오랜 시간 동안 중독분야의 일을 감당하며, '회복이란 무엇일까?'에 대해 고민을 하고 있습니다. 도박중독에 빠져 힘든 삶을 사는 분들이나, 도박을 끊고 단도박을 선택했지만, 여전히 힘든 삶을 살고 계신 분들에게 '잘 회복하는 것'은 매우 중요하기 때문입니다.

사실, '회복'은 오늘날 중독사회를 치열하게 살아가고 있는 저를 포함한 우리 모두가 나아가야 할 지점이자 과정이기도 합니다.

우리는 이미 성인(成人)입니다. 민법상 19세가 넘은 지 오래되었으니 성인(成人)이 되어도 한참 전에 된 것이지요. 하지만, 우리는 정말 '어른'이 되었을까요? '어른'으로서 책임을 다하면서 잘 살아가고 있는 것일까요?

여기 심각한 도박중독을 경험했던 두 아빠의 이야기를 소개해 드리고자 합니다. 저에게 '좋은 어른'에 대한 화두를 던지는 다양한 상담 경험 중의 일부입니다.

몇 년 전 일인데요, 딸이 출입정지를 시켜 다시 카지노 출입을 하기 위해 여섯 번의 상담을 오셨던 50대의 한 남자분 얘기입니다. 딸이 아빠의 카지노 재출입에 동의를 했는지 확인하는 과정에서 동의를 받았다고 하여 상담을 진행한 사례입니다. 다섯 차례의 상담은 잘 진행되었으며, 마지막 여섯 번째 상담에서 딸과 함께 가족 상담을 오셨고, 절차에 따라 출입정지를 한 따님에게 아빠가 재출입하는 데 동의했는가를 묻게 되었습니다.

그런데 딸이 이렇게 대답하더군요. "동의한 건 맞습니다. 안 해준다고 하니까 하도 사람을 들들 볶고 못살게 굴어서 풀어주겠다고 한 거고요." 그리고 덧붙여 이런 얘기를 들었습니다. "카지노 다닐 수 있게 풀어주고, 이제 부녀간의 관계를 끊으려고 해요." 저는 순간 깜짝 놀랐습니다. 출입을 풀어주고 다시는 보지 않겠다니요!! 이제 아빠라고 부르지도 않을 것이고 자신은 이 사람의 딸이 아니라고 했습니다. 저는 한동안 말을 잊었고, 겨우 다시 정신을 차리고 아빠에게 물었습니다. "따님이 이렇게까지 말하는데 카지노에 다시 들어가셔야 되겠습니까?" 아빠의 대답은 저를 다시 놀라게 했습니다. "딸도 성인인데 알아서 하겠지요. 저는 다시 카지노를 해야 합니다." 저는 제 귀를 의심했습니다. '어떻게 이럴 수가……' 한 시간 동안 아빠를 설득해 보고 딸의 결심도 되돌려 보려 애를 썼지만 부전자전(父傳子傳)이더군요. 결국, 두 사람이 원하는 대로 출입정지 해제 절차를 진행하였습니다. 앞으로 일어날 많은 일이 걱정스러웠지만 어쩔 수 없었습니다.

또 한 분은 40대 중반의 남자분으로 자발적으로 상담실을 찾아왔습니다. 자신의 도박 행동이 문제가 있는지 궁금하다며 평가를 요청하였습니다. 이런저런 상담 도중에 재밌는(?) 경험담을 한 가지 해주었습니다. 딸과 아들을 두고 있는 이 아빠는 약 5년 정도 정말 미친 듯이 카지노에 다녔다고 합니다. 평일에는 열심히 일했고, 주말에는 그보다 더 열심히 출근 도장 찍듯 매주 카지노를 갔다는 것입니다. 어떻게 시간이 흘러가는지도 모른 채 보낸 시간이 자그마치 5년 정도라고 합니다.

그러던 어느 날, 매우 오랜만에 딸과 마주 앉아 대화를 나누게 되었는데 이야기를 하던 도중 자꾸 이상한 느낌을 받게 되었다고 합니다.

　　　　　　　　　회복을 꿈꾸는 자들의 고백록

중학생 딸이 마치 고등학생같이 굴더라는 겁니다. 아빠가 기억하기로는 분명히 딸이 중학생이어야 하는데, 얘기하면 할수록 딸이 그보다 더 성숙하다는 느낌이 들었던 것이지요. 그렇다고 아빠가 되어서 딸에게 "너 혹시 몇 학년이니?"라고 물어볼 순 없는지라 이리저리 돌리고 돌리면서 확인을 해보았다고 합니다. 그런데 맙소사! 정말로 딸은 고등학교 2학년이었습니다!! 아빠는 딸이 고등학생이 되었다는 것을 전혀 모르고 있었던 것이죠. 그도 그럴 것이, 평일에는 일하느라 밤늦은 시간에 집에 들어갔고 주말에는 카지노에서 살았으니 어쩌면 당연한 결과일 수도 있겠습니다. '도박에 빠져 자기 하고 싶은 대로 살다 보니' 어느새 나에게 소중한 사람들과는 너무나 거리가 생겨버렸다는 것을 확인하게 된 그 순간, 너무 크게 놀라고 당황했다는 이야기였습니다. 다행히도 이 아빠는 좋은 아빠, 아니 정상적인 아빠가 되기로 마음을 먹었고 이를 위해 출입정지를 신청하고 가정으로 돌아갔습니다.

도박에 대한 열망은 사랑하는, 아니 사랑해야만 하는 딸의 절규나 성장으로도 막을 순 없었나 봅니다. 이들은 단순한 도박자가 아닌 '아빠'였는데도 말입니다. 물론, 이러한 일들은 비단 도박문제에 있어서만 일어나지는 않습니다. 도박하지 않는 사람들도 순간순간 자신의 존재를 망각하고 거부하기도 하며 일탈을 시도하기도 하니까요. 그러나 이러한 망각과 일탈이 더 이상 제자리로 돌아올 수 없는 늘어진 고무줄처럼 만성이 되고 존재조차 지워져 가서는 안 될 것입니다. '내 인생'이지만 '우리 인생'이기도 하니까요. 무엇보다 나를 향해 호소하며 고통을 말하는 타인 앞에 자기중심적인 삶을 반성하며 '존재의 회복'을 위해 애쓰는 것이 도리이니까요.

그래서 저는, 회복은 '나'를 위한 회복이 아니라 '타인'을 위한 회복이 되어야 한다고 역설적인 주장을 해보는 것입니다. 회복조차도 '나'를 위해 하려 든다면 또다시 (도박할 때처럼) 자기중심적인 자리로 복귀할 것이며 진정한 의미의 회복이라고 말할 수 없다고 생각하기 때문입니다. '나'를 넘어서려는 노력은 회복에도 필요합니다.

저는 회복의 과정이 '어른이 되어가는 것'과 비슷하다고 생각해보았습니다. 어른이라면 좀 아파도 고통을 참아내고 현실을 직시하며 책임을 집니다.

회복도 그렇습니다. 고통을 참아야 하고 현실을 똑바로 쳐다봐야 하며 책임질 수 있어야 가능합니다. 그리고 충동에 휩쓸리지 않습니다. 이러한 필요조건에 "나는 부합한다."라고 당당히 나설 수 있는 사람은 과연 몇이나 될까요? 결국, 어른이 되는 것도, 회복자의 삶을 살기도 쉽지만은 않은 것 같습니다.

어른다운 어른이 부족한 이 세상에서, 우리가 회복을 지향하는 삶을 살아가는 것은 매우 중요합니다. 동료상담사 양성과정은 좋은 어른이 되도록 돕는 과정입니다. 왜 '좋은 어른'이냐 묻는다면, 자신의 회복뿐만 아니라 남을 돕는 일을 배우기 때문입니다. 주위의 사람들이 어른이 되도록 돕고, 나 또한 어른으로 세워가는 과정. 이것이 동료상담사 양성과정입니다. 그래서 동료상담사인 우리는 회복 세상을 꿈꿉니다. 너와 내가 모두 '좋은 어른'이 되는 세상을 꿈꿉니다.

오늘도 저는, 어른이 되는 것에 별로 관심이 없이 바쁜 발걸음을 카지노로 옮기고 있는 많은 사람을 봅니다. 이들에겐 우리가 필요합니다. 우리 동료상담사들이 필요합니다. 우리는 미숙한 어린아이나 환자로 불림을 이겨내고, 이제 당당히 '좋은 어른'으로 나설 때가 된 것입니다.

순간의 기록, 영원할 기억
- 그동안의 이야기

강원랜드 과제

꽃나무야!
안녕 잘지내고 있니?
지난 겨울 눈보라 세차게 불던 힘든(힘든었던) 고비는
잘 넘겼는지?
어느덧 너가 좋아하는 노란 개나리 연분홍 진달래꽃
화려한 벚꽃도 이젠 다 떨어졌구나
요즘은 아카시아 꽃이 무척이나 향기롭구나!
가끔은 버꾹이와 부엉이 울음소리도 자주 들린단다.
너는 화려한 서울의 도시에서 밀려나고 또 밀려나서
한적한 시골 마을에서 요즘은 살아 가려고 발버둥치며
뿌리를 내리려고 한다고, 소식들었단다
꽃나무야!
나는 너의 아픈마음을 잘 알고 있지!
이제 화려했던 과거의 욕심과 욕망은 내려놓자구나!
너는 이제 병들어 있잖니....
속은 다 썩었고, 가지는 반쪽이 다 썩어들어서
앞으로 살아남기에는 무척이나 힘들거라는 걸(것을)
잘 알고 있단다.
그러나, 새로이 뿌리를 튼튼히 땅에 박고 잘 버티어
내보자구나.
꽃나무야!
나는 너의 상처를 하나하나 치료받을수있게
온힘을 다해 노력할 것이야.
힘들겠지만, 잘 참아 내어 보자!

꽃나무야!
나는 너를 따뜻한 햇볕을 쬐게 할것이며
너의 꽃잎에서 꼭소중한 열매를 맺을수 있게 도와주려고
많은 시간과 많은 노력을 하려구 한단다.
너는 어느 꽃보다 예뻤단다
화려한 장미보다도, 청순한 아름다움을 지닌 백합보다도,
향기로운 (국화)꽃보다도, 너는 이쁘고 우아한 꽃나무였어!
이제는 좋은 공간에서 좋은 공기 마시며
예쁜 잎 만들고 열심히 탄소동화 작용 하여
다시한번 아름다운 꽃들을 피워보자!
그래서 꼭 세상에 필요한 귀한곳에 쓰일 한톨의 씨앗
이라도 만들어서 남기고 가기를 부탁한다.
나의 귀중한 꽃나무야!
간절히 기도한다.
옛날엔 화려하게 피어 있어서, 남들에게 시기와 질투,
부러움도 많이 받았었지만....
모든 과거는, 화려했던것도, 괴로웠던 것들도
이젠 깨끗이 모두 다 잊어버리자구나!
꽃나무야!
넌현재 너무힘들더라도 이겨내야해!
앞으로 어떤 지구의 환경이 변화한다 하더라도,
오로지 넌, 꿋꿋이 버티고서서 살아남아야해.

② 화자의 괴로움도,
장마의 슬픔도,
바람(태풍)의 괴로움도, 유해가스의 불안도,
이런한것이 다시 닥쳐오더라도 너는 꼭
이런것을 이겨내어서 튼튼하게 살아남아야
한단다
꽃나무야!
다시한번 전성기를 만들어보자!
나는 너를 꼭, 잘 지킬것이야!
수명을 다할때 까지 나쁜벌레(병충해)가
생길지라도 꿋꿋이 힘껏 버티며 잘 살아나봐자.
꽃나무야!
부디 튼튼한 꽃나무가 되어 세상에 유해되지않고
좋은 공기, 좋은 자원, 이될수있는 꽃나무가
되어주기를 간절히 바라며 기도한다.
건강하게 잘 버티어 주렴....
20018. 5. 25.
너와 함께하는 행복의 여신으로 부터.

TO: 사랑하는 삶는 나 에게
나이가 환갑이 되도록 무엇을 생각하며 무엇을 위하고
무엇을 원하며 살아왔니?
삶이 너무 안타깝고 불쌍해서 가슴이 저리도록 아프다.
'고향의 봄' 가사 처럼 복숭아꽃 살구꽃 진달래, 개나리가
흐드러지게 피고 정 가득한 시골에서 우리의 많은 형제 자매들
등과 허리가 휘도록 뒷바라지 하시던 부모님이 바라던 너의
삶이(미래가) 지금의 너였드냐?
도박 때문에 남편과 돈이 다 떨어지도록 밤 새워 싸우고도
다음날 퇴근후에 다시 도박판으로 발걸음을 재촉했던너
미혼이던 사랑하는 딸을 이웃에 맡기고 도박판을 전전하던 너
삶이 도박인것 처럼 살아오면서 단 한번도 진정으로
단도박을 생각해보지 않았던 너가 너무 싫을때도 있었지만
그래도 끝없이 형제들에게 도움을 주지고 하나뿐인 딸을
절망에 빠뜨려 놓고도 어떻게든 도박의 이유를 정당화하던,
너가 62세 지금의 나를 뒤돌아보며 단도박을 결정했을때
예수님의 이름으로 축복하며 감사한 마음을 가지는 너에게
진심으로 큰 칭찬을 보낸다.
지금의 이 충만한 은혜의 기쁨을 삶이 다할때 까지
잘 이끌어 다른이 나같은 환자 더 생기지 않도록 노력할길 바란다
참 잘했다.

나를 위한 글쓰기

잘 할 수 있을 거다. 이건 어려운 일도 아냐~
지금 어렵지만 지혜를 또 한 번 발휘해봐~
잘 하잖아~ 건강, 건강, 건강이 문제다.
적신호를 보낸다. 이미 묵었다!
석학 김형석님은 육십에서 칠십오세 까지가
지나고 보니 아름다운 시절이었다 하셨나~~
작년 일월부터 평온한 마음이었던 적이 없었다. 아니 치열했다.
아~ 정말 끝임없이 어려운 나날의 연속이었다.
어머님이 돌아가시면서 시련을 주시고 단련을 시키나 싶은
생각이 들만큼
알고 보면 내가 잘못한 것도 아닌데 욕은 내가 먹고
결과는 등 돌리는 관계의 인과관계가
오늘에 이른 연속성이다.
사람들은 좋은데 결과는 좋은 쪽이 아닌 힘든 쪽이다.
아닐게야~ 중간에 평화도 있었을거다. 지금 현재의 내 입장이
어려울 뿐이고 여지껏 해결해 왔듯이 또 해결해 가며 잘 살 것이다.
와~ 우 노름도 끊었는데 말이다.
여지껏의 내 발목은 욕심과 노름이었다.
욕심 버리고 노름 끊고, 안 아프기만 하면 된다.
파이팅~!

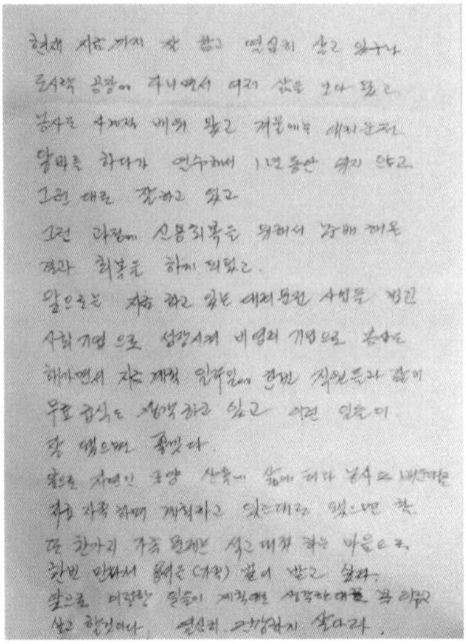

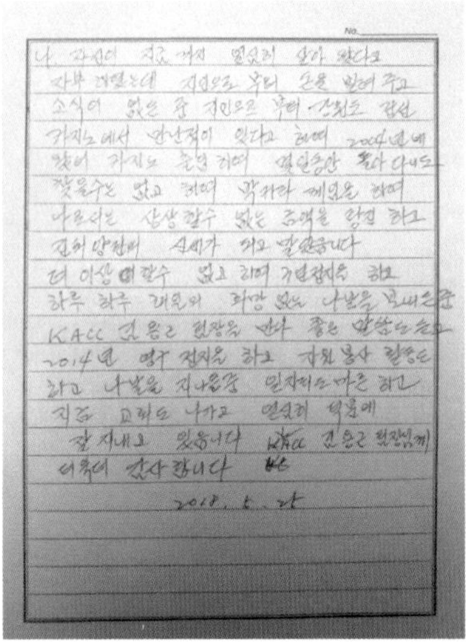

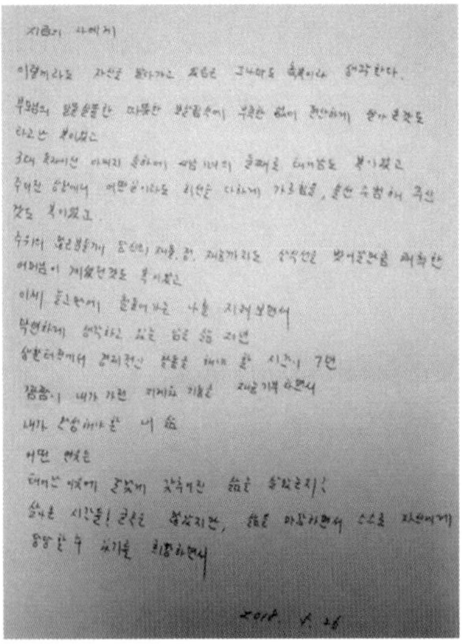

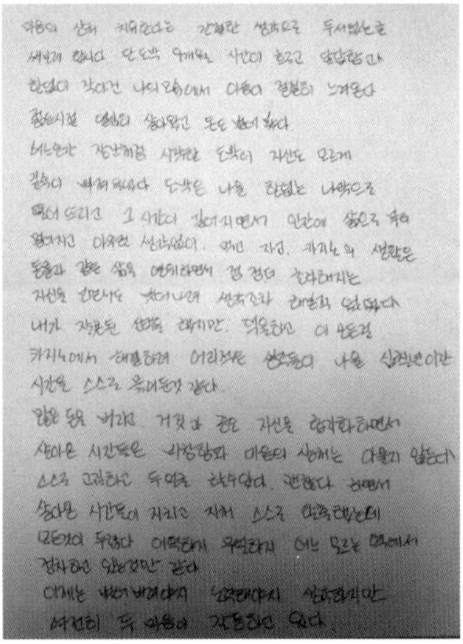

나만의 사전 만들기

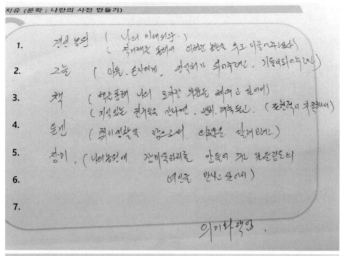

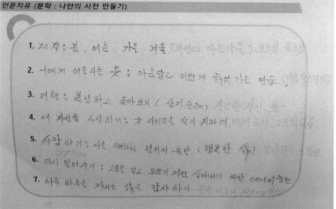

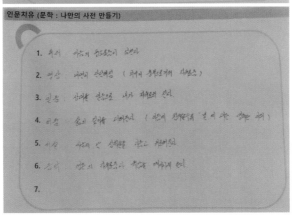

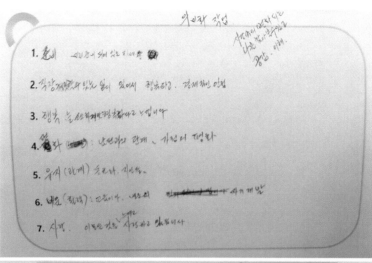

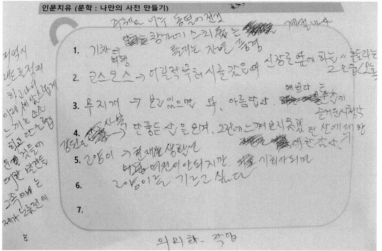

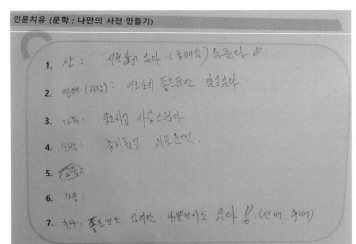

1. 산 : 시원함이 있다 · (통쾌감) 솟구친다
2. 연애 (사랑) : 서로간의 좋은말이 오고간다.
3. 가족 : 온화하고 사랑스럽다
4. 도박 : 허비하고 외로운건.
5. (교육)
6. 가을 :
7. 친구 : 좋은건도 있지만 나쁜것기도 있다 (선배 후배)

1. 법 : 인간만이 해야만 한계
2. 배신 : 믿으고싶, 섭마고 싶 많은 사람의 조건
3. 사랑 : 행복의 기회
4. 운동 : 힘차고 시작, 건강의 활력
5. 산책 : 기분 상쾌하는 여유
6. 꽃 : 진하고 향기
7. 선물 : 갖고오는 길

흔들리지 않는 마음. 心

지금까지 지켜 왔듯이 어떤 유혹이 오더라도
나 자신에게 떳떳할 수 있도록, 서진 ~~~~ 하는 마음으로 그랬위내야

~~~ ~~~ : ~음 ~려야 하지
~~ ~~~ ~~~

제목 : 부활

① 깨져 조각져 있는데 … 나눠도
   원래 순수했던 나로 돌아감.

② 나눌수 … 주변 형태에서와 ~ 추상 중요한 것

③ 이음 … 내 안의 유혹 물어다 주는 충동

☆ 나에게 (열심)지안에게)
열기 ~1보기

한때한사 : ~~~~~
~~~~~~ ~~~~것

< 흔들리지 않는 마음에 글 >

지쳐 충동이 일어도 저자숙 ㄷ-3시간 바뀌가면 고요하고 진진하게 정돈되지 않다.
외면의 순한건 진짜나 충동이 올지안 (전체속에 순간같은 되는수 없는 것), 쌔연에 오는 쌔연에
흔들리지 조절해 정돈하게 될 것이다. 쌔연에 짜신 움을 쌔리고 외부에서 들어오는 바람을
즐기면서 살고싶다.

① 낚시도 하고
② 산책도 하고

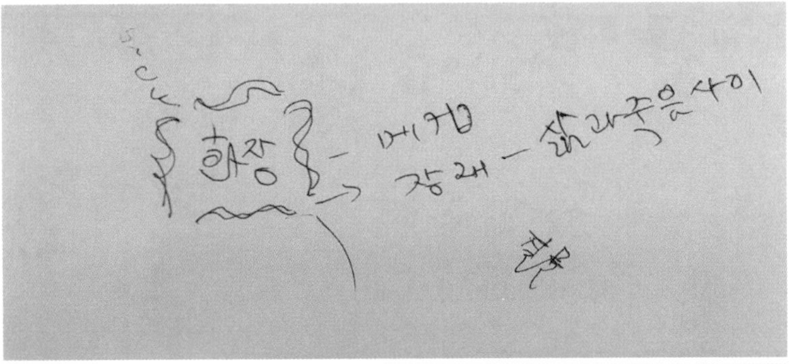
화장 — 매장
장례 — 삶과 죽음 사이

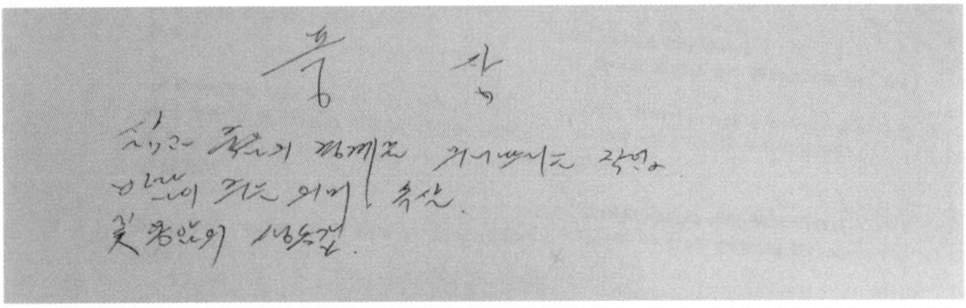

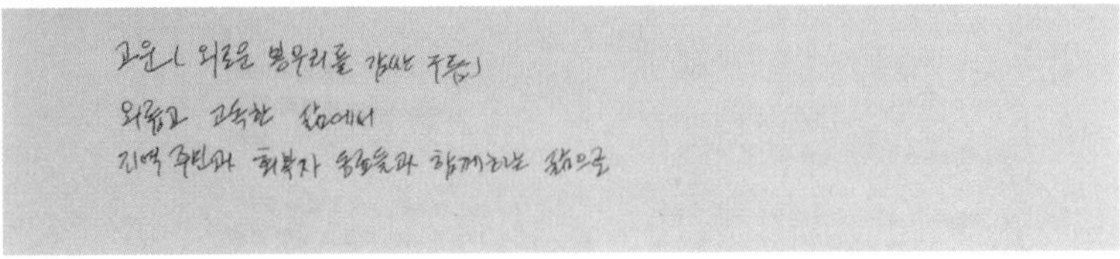
고운 (외로운 봉우리를 감싸는 구름)
외롭고 고독한 삶에서
지역 주민과 회복자 동료들과 함께하는 삶으로

1기 드로잉 작품

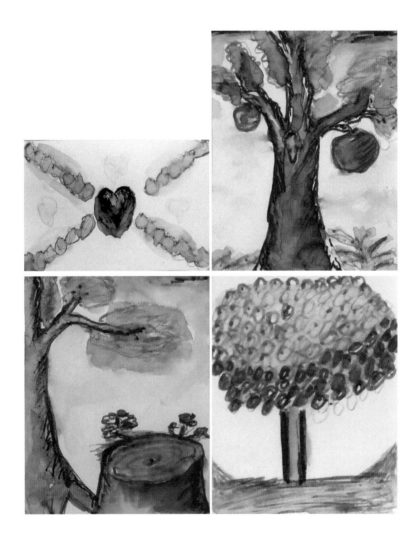

회복을 꿈꾸는 자들의 고백록

소나무

회복을 꿈꾸는 자들의 고백록

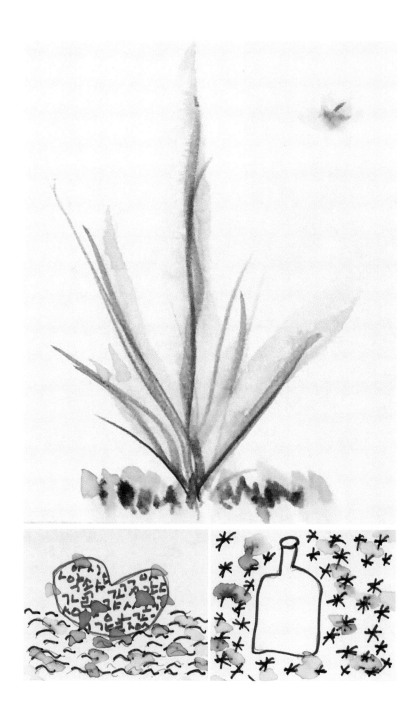

2기 드로잉 작품

회복을 꿈꾸는 자들의 고백록

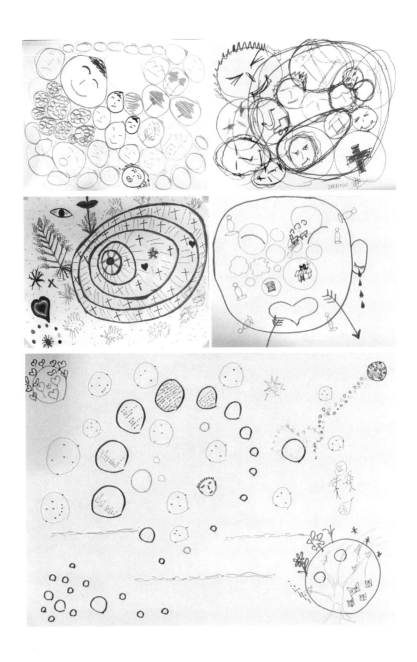

회복을 꿈꾸는 자들의 고백록

서강대학교 생명문화연구소

서강대학교 생명문화연구소는 대학부설연구기관으로 1991년 '세상의 생명을 위하여 (promundi vita)'라는 기치를 내걸고 창립된 지 현재 30년이 되었다. 생명문화운동의 이론적 정초와 확산보급이라는 설립목적의 실천을 위해 자살, 낙태, 안락사, 호스피스 등의 전통적인 생명윤리 주제들과 복지, 빈곤, 차별, 중독 등과 같은 전 인류적 생명윤리 주제들을 다루고 있고, 생존 주체로서 한 인간의 개인문제와 사회문제, 더 나아가 동물, 생태, 환경 차원의 주제들까지 총망라하여 연구하고 있다. 2017년부터 한국연구재단의 "인문사회분야 대학 중점연구소"로 선정되어 사회적 생명 차원의 4대 중독(알코올, 마약, 도박, 인터넷) 문제에 대한 연구에 집중하고 있다.

강원랜드 중독관리센터(KLACC)

강원랜드 중독관리센터(Kangwon Land Addiction Care Center, KLACC)는 강원랜드가 설립된 다음 해인 2001년 실립되었다. KLACC은 도박의 위험성을 알리고 카지노 이용자를 보호하는 등 국가의 책임도박 정책을 수행하는 주체로서 중독예방을 위한 상담, 교육 및 홍보사업을 펼쳐오고 있다. 도박중독으로 다양한 문제에 직면한 이들의 치유와 건강한 사회복귀를 위해 병원치료 및 심리상담비 지원, 자격증 취득을 목표로 하는 직업재활지원 등 내담자의 필요와 욕구에 기초한 지원사업을 수행하고 있으며, 단도박 지지모임(남성/여성), 가족캠프 등 중독재발방지 및 회복을 위해 노력하고 있다. 최근에는 도박중독회복자들의 자활과 성장을 돕기 위한 중독전문가 및 숲해설가 양성지원, 협동조합 설립지원 등을 하고 있다.

회복을 꿈꾸는 자들의
고백록

초판인쇄   2019년 9월 6일
초판발행   2019년 9월 6일

엮 은 이   서강대학교 생명문화연구소
공동감수   강선경·김용근·상종열·이효선·김영하
펴 낸 이   채종준
펴 낸 곳   한국학술정보㈜
주   소   경기도 파주시 회동길 230(문발동)
전   화   031) 908-3181(대표)
팩   스   031) 908-3189
홈페이지   http://ebook.kstudy.com
전자우편   출판사업부 publish@kstudy.com
등   록   제일산-115호(2000. 6. 19)

ISBN   978-89-268-9550-4 93330